AF360453

4466

HERMÈS,

ou

LE GÉNIE DES COLONIES.

PARIS, IMPRIMERIE DE P. DUPONT ET G. LAGUIONIE,
RUE DE GRENELLE-ST-HONORÉ, n° 55.

HERMÈS,

OU

LE GÉNIE DES COLONIES;

ESSAI POLITIQUE

CONTENANT DES PRINCIPES FONDAMENTAUX
EN MATIÈRE DE COLONISATION;

Par M. A. R.

Qualis apes æstate novâ per florea rura
Exercet sub sole labor, quùm gentis adultos
Educunt fetus; aut quùm liquentia mella
Stipant, et dulci distendant nectare cellas;
Aut onera accipiunt venientûm; aut, agmine facto,
Ignavum fucos pecus à præsepibus arcent;
Fervet opus, redolentque thymo fragrantia mella.

Virg., *Énéid*, liv. I.

PARIS,

CHEZ L. F. HIVERT, LIBRAIRE,

QUAI DES AUGUSTINS, N° 55.

—

1832.

BIBLIOTHÈQUE ROYALE

Quelques incorrections assez majeures s'étant glissées dans les premières journées, on a cru à propos de placer en tête cet *errata*, afin que le lecteur puisse y recourir toutes les fois qu'il croira en avoir besoin pour l'intelligence de quelques phrases qui lui paraîtront fautives.

ERRATA.

Page 2, ligne 1re, *lisez :* que je n'aurai pas. — Ligne 12, qu'on adopte.

Page 16, ligne 19, *lisez :* sont à garder, *au lieu de* sont à prendre.

Page 19, ligne 17, *lisez :* me sont d'un grand secours toutes les fois qu'il, etc.

Page 21, ligne 9, *lisez :* de la réalité.

Page 31, ligne 2 de la note, un point d'interrogation après le mot Bédouins.

Page 32, ligne 9, *lisez :* de ces nouveaux colons.

Page 34, ligne 16, *lisez :* construits, *au lieu de* construites.

Page 36, note (*a*), ligne 1re, *lisez :* n'étaient.

Page 39, ligne 1re, *lisez :* et que d'ailleurs ils sont intéressés.

Page 46, ligne 15, *lisez :* auraient.

Page 48, ligne 13, *lisez :* prises.

Page 49, note B, ligne 4, *lisez :* il tire, usage étant du genre masculin.

Page 58, ligne 13, *lisez :* des fugitifs, des gens sans aveu

Page 62 , ligne 6, *lisez :* au contraire , je crois plus avantageux.

Page 64, ligne 16, *lisez :* mais faut-il encore.

Page 71, ligne 5 , *lisez :* que cette abondance consiste.

Page 80, ligne 11, celui de la multitude l'est bientôt aussi.

Page 88, ligne 19, après le mot *tout*, il y a un renvoi. La note indiquée par ce renvoi se trouve placée mal à propos à la page 90, au renvoi B.

Page 115, ligne 12, *lisez :* accordée au mariage, aux orphelins, aux enfans trouvés.

Page 118, ligne 1re, *supprimer* le point d'interrogation après le mot *débouchés*. — Ligne 16, *lisez :* c'est qu'alors j'avais le projet de donner. — **Avant-dernière ligne,** *lisez :* attendu que la prospérité commerciale.

Page 124, ligne 2, le mot *cependant* doit commencer un alinéa.

Page 125, ligne 6, *lisez :* ce n'est pas seulement la chaleur du climat, mais une infinité d'autres circonstances qui concourent à cette perfection.

Page 127, dernière ligne. Le renvoi et la note doivent être placés page 129, après le mot *arbre*, qu'on trouve à l'avant-dernière ligne.

Page 135, note (*a*), au bas de la page, *lisez :* la description d'un ventilateur propre à maintenir l'air en circulation.

Page 142, ligne 2, *lisez :* à cette classe inoccupée.

Page 150, ligne 10, *retrancher* les deux virgules qui enferment le mot *ajustés*.

Page 151, ligne 19, *lisez :* pour l'éducation de cette espèce de ver à soie.

Page 155, ligne 2 , *lisez :* un fonds inépuisable de richesses. — Ligne 9, *lisez :* c'est en les utilisant ainsi, *au lieu de* c'est ainsi que.

Page 163, ligne 19, *ajoutez :* il en résultera que les entrepreneurs.

Page 165, ligne 19, *lisez* ses *au lieu de* ces.

Page 171, ligne 8, *lisez :* la valeur *au lieu de* valeur.

Page 178, ligne 6, *lisez :* il m'apprit que leur métropole.

Page 179, ligne 12, *lisez :* aussi le commerce, *au lieu de* qu'arrive-t-il de là ?

Page 185, ligne 22, *lisez :* s'il mettait.

Page 187, ligne 7, *lisez :* tout à créer, *au lieu de* et tout à créer.

Page 188, ligne 8, *lisez :* et le caprice des cours, tels que des barbiers, etc.

Page 189, ligne 21, *lisez :* sans elle il n'y a, *au lieu de* car sans elle il n'y a.

Page 200, ligne 14, *lisez :* l'état les exempte, etc.

Page 237, ligne 3, *lisez :* il en **est de la mère.**

Page 253, ligne 10, *lisez :* un seul instant sur.

Page 276, ligne 2 de la note, *lisez :* toute espèce de bagage qui aurait pu retarder la marche. — Ligne 4, *lisez :* ramène ses troupes.

Page 279, ligne dernière, *lisez :* jusque dans leurs.

AVANT-PROPOS.

Cet ouvrage n'était pas destiné à voir
le jour. Une circonstance seule me détermine à le publier, c'est la colonisation
d'Alger, qui n'a été long-temps qu'un
projet, et que le gouvernement réalise en
ce moment. Croire que toutes mes idées
soient goûtées et adoptées serait, de ma
part, une prétention que rien ne saurait
justifier; mais, telles qu'elles sont, bonnes
ou mauvaises, je les soumets au public,
juge sévère et impartial. Ne dût-il s'en
trouver qu'une seule qui fût profitable,

1

toujours est-il que je n'aurais pas travaillé en vain.

Que nous donnez-vous, me demandera-t-on; des idées neuves? — Des idées neuves! C'est bien cela dont il s'agit dans un ouvrage de cette nature. Demandez plutôt si ce sont des idées justes et susceptibles d'application; et à cela je répondrai que je les crois telles, puisque je n'en propose aucunes qui n'aient passé au creuset de l'expérience. Ainsi, ce ne sont point de ces opinions erronées qu'on n'essaie qu'avec crainte, de ces opinions qui n'ont eu pour bases que les rêveries d'un esprit systématique, et d'autant plus dangereuses, qu'elles auront été revêtues de ces formes magiques qu'emprunte quelquefois le style pour amorcer et fasciner l'esprit du lecteur. Des idées justes et éprouvées, voilà, je le répète, ce que j'annonce.

Que veut-on de plus? Il ne s'agit point ici d'un roman, d'un ouvrage d'imagination où la forme est tout, le fond des idées presque rien.—C'est un faible mérite, dira-t-on. —D'accord; mais ne doit-on aucun compte à un auteur de ses longues et pénibles recherches, du discernement qui aura présidé au choix de cette multitude d'idées puisées à tant de sources différentes? Quelle patience n'a pas exigée un pareil travail! Quelle multiplicité de matières! Agriculture, commerce, marine, haras, organisation militaire, tout est passé en revue; car, aujourd'hui, que n'embrasse pas l'économie politique, science vaste, inépuisable, et sans laquelle il ne peut y avoir, pour aucune nation policée, de prospérité réelle et durable? On peut juger actuellement de la dimension du cadre que je me suis tracé.

1.

Le titre de votre livre est ambitieux, me dira la critique. — Soit; mais trouvez-en un autre qui rende mieux mon idée, fasse mieux concevoir le plan de cet ouvrage, et j'efface celui-ci. Que suis-je venu soumettre à la censure publique? Un système complet de colonisation, basé sur des idées connues, résultat d'une longue suite d'expériences, et dont je suis redevable aux anciens et quelquefois aux modernes. C'est donc à la collection de ces idées, et non aux miennes, que je prétends appliquer le titre que vous critiquez.

Mais pourquoi ce nom grec, donné de but en blanc à un personnage imaginaire qui vient de je ne sais où: car votre colonie n'est ni grecque ni romaine. — De but en blanc n'est pas le mot: Hermès était le nom grec de Mercure, divinité symbolique par laquelle les anciens personnifiaient l'activité et l'industrie, qualités essentielles dans un fondateur de colonie; pouvais-je choisir un nom qui rappelât mieux à l'esprit ce que doit être tout citoyen chargé par son gouvernement d'une pareille mission? — Mais, enfin, dans quel pays placez-vous votre utopie? — Qu'importe? La description topographique du lieu était-elle si nécessaire à mon lecteur qu'il ne pût me comprendre sans cette première exposition? Je ne le pense pas; mon dessein n'a pas été de coloniser un pays plutôt qu'un autre, mais de poser des principes fondamentaux en matière de colonisation, sauf à les modifier selon les circonstances et les localités, et rien de plus.

Allons! messieurs les économistes, escrimez-vous, travaillez, compulsez, suez sang et eau, lancez-vous à pleines voiles vers les rives africaines, non loin de ces belles contrées que le Nil arrose, et qui fut jadis le berceau de la civilisation. Alger, pays non moins riche, non moins favorisé de la nature, jadis le grenier de l'Italie (1), mais stérilisé, depuis trois siècles, par l'incurie mahométane, peut, sous des mains habiles, recouvrer son ancienne splendeur; c'est à vous à indiquer les moyens d'arriver promptement à cet état de prospérité.

Eh! qui pouvait douter, quand on voit au timon de l'état des capacités du premier ordre, des capacités telles que deux seules suffiraient pour soutenir le fardeau de la machine la plus compliquée, comme autrefois le vieil Atlas supportait à lui

____

(1) Les côtes maritimes de l'Afrique alimentaient à Rome une population de 5 millions d'ames environ.

seul tout le poids des cieux ; qui a pu mettre en question, dis-je, si la colonisation d'Alger aurait lieu, quand on pense qu'à deux journées de France on peut trouver une colonie plus riche, plus avantageuse, sous tous les rapports, à la métropole, que celles qu'il faut aller chercher dans les eaux des Antilles ? Non, certes, il n'était pas probable qu'un gouvernement qui a tant à cœur les prospérités publiques, laissât échapper une si belle occasion de les accroître. Nous vivons sous un roi qui ne manque pas un seul jour d'invoquer les améliorations progressives dont nos institutions sont susceptibles : aussi, la France ne tardera-t-elle pas à prouver au monde, que la force et la prospérité des nations n'ont de bases réelles, solides et durables, que dans les vrais et immuables principes de l'ordre social.

Cet ouvrage se divise en journées. Cette division était toute naturelle, on s'y est tenu. L'auteur suppose un jeune voyageur que le hasard, ou plutôt le désir de s'instruire amène dans une colonie récemment fondée. Il veut savoir d'après quels principes elle s'administre et se gouverne. C'est en s'égarant avec le lecteur au milieu d'une foule immense de colons, tour à tour dans les villes, dans les champs, sur les ports, sur les routes, qu'il agrandit la sphère de ses connaissances, et acquiert dans les différentes branches de l'économie politique, une multitude de notions utiles, qu'il rédige jour par jour, et qu'il destine à un ami lancé dans la carrière administrative. Voilà mon canevas. Par cet artifice, j'instruis mon lecteur en l'amusant; je mets à sa portée des matières souvent arides, et

auxquelles il est peut-être entièrement
étranger, et je lui sauve l'ennui de tous détails statistiques, en les rejetant aux notes.
C'est là que les amateurs du positif trouveront de quoi satisfaire leur curiosité.
Toutefois, je préviens mes lecteurs, en général, que la plupart de ces notes sont de
rigueur pour l'intelligence de cet ouvrage.
Telle pensée, par exemple, n'y est souvent
qu'indiquée; elle a besoin d'un plus grand
développement, exige des détails qui,
dans le texte, eussent distrait des idées
principales; c'est à la note qu'il faut nécessairement recourir pour comprendre toute
la pensée de l'auteur, autrement plusieurs passages du texte ne signifieront
rien, absolument rien.

En terminant cet avant-propos, il reste
à m'acquitter envers plusieurs journaux
du juste tribut de reconnaissance que je

leur dois, pour une foule de pensées qu'ils
m'ont suggérées, ou que je leur ai emprun-
tées pour la matière de mes notes, et particulièrement la Revue britannique, qu'on
sait protégée et soutenue par un rédac-
teur, dont le nom est aussi recommandable dans les lettres que dans la carrière administrative (1).

La dernière main manque à cet ouvrage; j'entrevois plusieurs corrections ou
additions à faire; si le public l'accueille
favorablement, je me propose d'y revenir.

____

(1) **M.** Saulnier, conseiller-d'état, préfet du Loiret.

SOMMAIRES DES SIX JOURNÉES.

PREMIÈRE JOURNÉE.

ÉTABLISSEMENT DE LA COLONIE.

Mon arrivée dans la colonie. — Portrait de son fondateur. — But que se propose un état en fondant une
colonie. — Règle à suivre pour le nombre de sujets
à y envoyer. — Pays propre à la colonisation.— Conduite à tenir avec les naturels en y entrant. — Classe
d'hommes à y envoyer pour le coloniser. — Méthode
à suivre pour l'occuper sans y envoyer de fortes garnisons. — Moyen de réprimer les révoltes de la part
des naturels, par une transmutation d'habitans.—Devoirs respectifs des colonies et des métropoles.

DEUXIÈME JOURNÉE.

GOUVERNEMENT.

Mode de gouvernement approprié aux colonies. —
Quelles doivent en être les premières bases.—Moyens
d'en augmenter la population, sans secours étrangers.—Création d'un gouverneur et d'un ou plusieurs
sous-gouverneurs. — Moyens de s'attacher la multitude dans un pays de nouvelle conquête. — Respecter

les lois et les préjugés des indigènes, et gagner l'esprit de leurs chefs. — Moyens de propager les lumières et d'accélérer les progrès de la civilisation.

TROISIÈME JOURNÉE.

AGRICULTURE.

Maisons de détention. — Galériens, mendians, enfans trouvés, envoyés aux colonies. — Encouragemens donnés au mariage. — Équilibre à maintenir entre le commerce et l'agriculture. — Principes généraux à ce sujet. — Culture des arbres et des plantes les plus essentielles à la prospérité d'une colonie, envisagée sous des rapports d'économie politique. — Des vers à soie.

QUATRIÈME JOURNÉE.

COMMERCE.

De la classe industrielle. — Du commerce et de ses effets sur les mœurs des peuples barbares. — Avantages attachés à sa liberté. — De la concurrence. — Suppression des droits d'entrée et de sortie entre une métropole et ses colonies. — Avantages qu'elles en retirent au moyen d'un prix proportionnel qui s'établit entre elles sur les céréales. — De la circulation des espèces, et de leur influence sur les biens; que leur surabondance est préjudiciable. — Du luxe; qu'il est avantageux ou nuisible à une colonie, suivant la direction qu'il reçoit.

CINQUIÈME JOURNÉE.

MARINE ET HARAS.

Encouragemens et protection accordés à la marine. — Petit bâtiment propre à aller en découverte. — Marins ont à la fois soldats et matelots. — Honneurs et exemption accordés aux corps des marins. — Leur colonisation. — Confection de petits canots en joncs recouverts de cuirs, imités des Éthiopiens. — Bâtimens donnés à frèt. — Abolition de la piraterie. — Utilité des haras. — Leur établissement et leur disposition extérieure. — Des chevaux destinés à la propagation de l'espèce. — Chevaux propres à la cavalerie légère. — Nécessité de croiser les races, sauf quelques exceptions.

SIXIÈME JOURNÉE.

ORGANISATION MILITAIRE.

Que l'esprit de propriété porte les hommes à défendre leurs foyers; employer par conséquent ce mobile. — Système de colonisation pour les troupes, avantage qu'on en peut retirer. — Système d'organisation militaire approprié aux naturels du pays. — Terrain de manœuvres et exercices militaires. — Travaux publics exécutés par les troupes. — Constante sollicitude d'un chef pour la santé du soldat. — Construction de radeaux propres à faciliter le débarquement des troupes en présence de l'ennemi. — Formation d'un corps de cavalerie destiné à transporter de l'infanterie. — Nouvelle manœuvre d'infanterie dite le coin ou tête de porc. — Prosopopée contenant le résumé de l'ouvrage.

HERMÈS,

OU

LE GÉNIE DES COLONIES.

PREMIÈRE JOURNÉE.

SOMMAIRE.

Mon arrivée dans la colonie. — Portrait de son fondateur. — But que se propose un état en fondant une colonie. — Règle à suivre pour le nombre de sujets à y envoyer. — Pays propre à la colonisation. — Conduite à tenir avec les naturels en y entrant. — Classe d'homme à y envoyer pour le coloniser. — Méthode à suivre pour l'occuper sans y envoyer de fortes garnisons. — Moyen de réprimer les révoltes parmi les indigènes, par une transmutation d'habitans. — Devoirs respectifs des métropoles et des colonies.

Enfin, me voici revenu, mon cher Antenor, de cette longue excursion entreprise, comme je vous l'avais annoncé, dans le dessein d'étendre la sphère de mes connaissances. Mon temps, dieu merci, a été assez bien

employé, et je n'ai pas lieu de le regretter.
Je vous avais promis de recueillir par écrit
tout ce que j'apprendrais d'utile dans le cours
de ce voyage, et de vous le communiquer à
mon retour, à vous qui êtes destiné aux plus
hauts emplois de la diplomatie; je m'exécute.
Le hasard m'a jeté au milieu d'une colonie
nouvellement établie. Son fondateur, nommé
Hermès, homme instruit et capable, n'a rien
épargné pour m'initier dans les secrets de son
gouvernement. Je transcris fidèlement les entretiens que j'ai eus avec lui, et j'ai l'espoir
que vous y puiserez des renseignemens précieux pour votre instruction.

Vous y verrez sur quelles bases une colonie peut être fondée; par quels moyens elle
parvient à prendre de la consistance parmi
des peuplades sauvages et barbares; quelles
précautions sont à prendre pour se maintenir
dans le pays, et y étendre peu à peu sa domination; quel parti on peut tirer de la fertilité

de son sol à l'égard de la colonie et de la métropole ; enfin, par quels moyens on accélère
les progrès de la civilisation au milieu de
nations plongées dans les ténèbres de la barbarie. Je m'abstiendrai de tout commentaire ;
je n'écris qu'un mémoire, ou plutôt un journal.

Figurez-vous donc votre ami en présence
d'Hermès, le fondateur de la susdite colonie,
tantôt l'écoutant attentivement, tantôt l'acca-
blant de questions, tantôt confiant au papier
les précieux documens qu'il a recueillis de
lui. Mais ne conviendrait-il pas avant tout de
vous dire un mot sur cet illustre personnage,
que vous allez voir continuellement en scène ?
quelques traits caractéristiques suffiraient
pour vous le faire connaître ; mais je n'ose
m'aventurer. Tout ce que je puis vous dire, c'est
qu'il est d'un accès facile ; sa haute stature,
son air empreint de majesté, son regard per-
çant qui décèle le génie, tout fit sur moi une
impression difficile à rendre. Je crus voir un

de ces antiques fondateurs si fameux dans les fastes de l'histoire, soit le héros de la Colchide, soit cet immortel Romulus qui, avec un ramassis de pâtres et de fugitifs, jeta les fondemens du premier empire du monde. Je ne pus me défendre d'une certaine émotion en sa présence; il s'en aperçut; et m'abordant d'un air affable : « Soyez « le bien venu, me dit-il, je connais le dessein « qui vous amène sur ces côtes lointaines; je « me ferai un véritable plaisir de vous guider « dans vos recherches. Examiner les progrès « et la décadence des empires, en pénétrer « toutes les causes, est la plus belle des études.

« Cette peuplade, toute faible qu'elle est « encore, n'en est pas moins fondée sur les « mêmes principes qui doivent régir les grands « empires. » Alors il me proposa de me mener au sein de sa colonie naissante, et de me donner toutes les instructions qui me seraient nécessaires. « C'est en la voyant agir

« que vous vous instruirez des préceptes qui
« lui ont servi de bases, et par là je vous
« sauverai toute l'aridité qu'ils entraînent à
« leur suite. » A ces mots, nous sortîmes ensemble, et jusqu'au déclin du jour je ne ces-
sai de l'accabler de questions, trop heureux
de puiser la science à une si bonne source;
car Hermès, formé par l'expérience, joignait
à un génie ferme et vigoureux de vastes connaissances en politique et en administration.

Chemin faisant, nous fûmes accostés par
un habitant de la colonie, qu'il accueillit avec
distinction : « Voilà, me dit-il à l'écart, un des
« plus habiles et des plus riches manufactu-
« riers de la ville. Il fait partie de mon con-
« seil, et ses lumières en matière de commerce
« me sont quelquefois d'un grand secours,
« toutefois qu'il s'agit de trancher sur des
« questions un peu ardues, car je ne me crois
« pas la science infuse; nous ne connaissons
« jamais bien que ce qui a été pour nous l'ob-

« jet d'une étude spéciale. » En effet, je ne tardai pas à m'apercevoir que ce négociant était doué d'un esprit fort judicieux et d'une vaste capacité dans sa profession.

Cependant, Hermès, accélérant le pas, nous avait laissés bien loin derrière lui, de sorte que je restai seul en tête à tête avec ce tiers, qu'on nommait Stilicon.

« Vous ne connaissez point encore Hermès, le fondateur de notre colonie, me dit-il ; c'est à mon avis l'homme le plus extraordinaire qui peut-être ait existé, autant par son incroyable activité, que par la force de son génie et l'étendue de ses connaissances. Il n'est étranger à rien ; les moindres détails l'intéressent. Aussi les circonstances donnent-elles lieu à quelques améliorations importantes ; l'idée première lui appartient toujours. A un tact des plus subtils, à un coup d'œil toujours prompt et sûr, il joint une telle connaissance du cœur humain, que rarement il se

méprend au choix qu'il fait des sujets propres
à le seconder. Ses principes de justice sont
invariables, et je ne crois pas qu'on ait un
seul acte arbitraire à lui reprocher; mais vous
le verrez sans cesse en garde contre l'influence
que peuvent exercer ceux que l'intimité rap-
proche le plus de sa personne. Parlerai-je de sa
réputation militaire? elle est telle, que tout ce
que j'en pourrais dire serait au-dessous de sa
réalité. Une valeur qui va au besoin jusqu'à
la témérité, une patience dans les travaux
poussée à l'excès, un esprit de ressources in-
imaginable, telles sont les qualités qui le distinguent, et qui chez lui s'allient encore à un
jugement digne de sa grandeur d'ame. Du
reste, humain et juste autant que grand ca-
pitaine, il est à la tête de ses soldats comme
un chef parmi ses égaux, et au milieu d'une
ville vaincue, comme s'il en était le premier
citoyen. »

Stilicon parlait encore, quand je vis passer

dans le port une foule de jeunes gens appartenant à différentes professions. Hermès, que
nous avions rejoint, m'apprit qu'ils étaient
envoyés par la métropole comme superfétation nuisible chez elle, et fort avantageuse à
la colonie, lorsqu'une fois ils seraient répartis dans tous les rangs de sa population. «Elle
est encore faible, ajouta-t-il, mais à force de
persévérance et d'encouragement , j'espère
qu'elle pourra bientôt suppléer à de fortes
garnisons que l'état serait obligé d'y entretenir; moyen toujours onéreux aux provinces
conquises. Que me suis-je proposé en fondant
une colonie au milieu de ces hordes de barbares? de les contenir dans le pays, en les
resserrant de plus en plus, à mesure que
celle-ci s'accroît et se fortifie; voilà mon premier but: car songer dès à présent à s'agran-
dir, ce serait peut-être risquer l'existence de
cette colonie. Un empire trop étendu est un
fardeau dangereux, et quelquefois il est plus

difficile de garder ses conquêtes que de les étendre. Un jour peut-être notre métropole concevra-t-elle un plus vaste projet ; mais quant à sa politique actuelle, elle consiste à vivre en bonne intelligence avec ses voisins, protégeant les plus faibles, affaiblissant les plus forts (*a*). Assurément, si jamais pays à coloniser a réuni les conditions exigées pour arriver à d'heureux résultats, c'est bien celui-ci. Le climat est tempéré près des côtes, l'air y est salutaire, et le terroir en général fertile (*b*); il est en outre d'un difficile abord. On a donc peu à craindre des forces étrangères, pour peu qu'il soit défendu par une nation courageuse ; et certes, cette position, sous le

---

(*a*) Telle fut toujours la politique des Romains avec leurs voisins.

(*b*) C'est ainsi que le Péloponèse, pays riche et fertile quoique de peu d'étendue, vit en quelques années multiplier le nombre de ses habitans. Il est toujours essentiel, avant d'entreprendre de coloniser un pays, de s'assurer de sa fertilité et de sa bonne exposition.

point de vue militaire, n'est pas à dédaigner,
et suffirait, toutes choses égales, pour en rendre la conquête importante. Avec du temps et
de la persévérance, j'espère bien triompher
de tous les obstacles que me suscitent encore
les indigènes.»

J'écoutais attentivement Hermès ; mais un
point m'embarrassait. Votre métropole ne se
nuit - elle pas à elle-même, lui dis-je, en ti-
rant de son sein une si grande quantité d'habitans pour vous les envoyer dans ces immenses déserts, qui peut-être ne lui rappor-
teront jamais rien ? Car se dépeupler ainsi,
c'est appauvrir l'état pour enrichir des étrangers.—«Je vous arrête là, reprit Hermès ; bientôt
je vous prouverai qu'une colonie fondée dans
un pays si fertile et si bien situé, peut être
sous une infinité de rapports d'une grande
utilité à la mère patrie. Je conviens avec vous
qu'une nation qui se dépeuplerait pour aller
au loin habiter de nouvelles terres, finirait

par s'affaiblir sur tous les points, et nuire aux progrès de la colonie, qui de son côté ne manquerait pas de secouer le joug pour se mettre dans une entière·indépendance (*a*) ; mais la métropole à son tour ne saurait être bien gouvernée, si elle est trop peuplée, car, ainsi qu'on l'a déjà observé (*b*), il est toujours difficile de gouverner une ville dont la population n'est pas en rapport avec le principal but de la société. Les grandes villes n'engendrent que des vices et des désordres, affament les provinces éloignées, et meurent elles-mêmes de faim (*c*).

« Mais quelle quantité, me direz-vous,

***

(*a*) C'est pourquoi il est essentiel que la fortune de la métropole soit dans le lieu même de sa domination.

(*b*) Aristote prétend, à l'égard de la population des grandes villes, que la meilleure proportion est de 100,000 ames. Il y en avait 700,000 à Carthage, lorsque les Romains la détruisirent.

(*c*) MONTESQ., *Esp. des Lois.*

une métropole doit-elle envoyer à ses colonies? Je réponds, le surabondant de sa population; ce qui doit s'entendre seulement de la quantité d'hommes inutiles qui s'y trouvera, ou de la quantité qui manquera au pays à coloniser (*a*). Or donc, lorsque vous aurez la quantité nécessaire pour la conservation de ce pays, que toutes les terres seront cultivées, que vos manufactures auront le nombre d'ouvriers qui leur est nécessaire, n'hésitez pas à donner un prompt écoulement à toute exubérance de population, qui, n'étant plus en proportion avec un territoire borné, porterait atteinte à la sécurité publique (*b*). Quant aux colonies, l'essentiel pour

---

(*a*) C'est la règle qu'a suivie la Hollande en peuplant les îles de Java et de Ceylan. Elle n'y envoyait précisément que le surabondant de la population qu'il lui était impossible de nourrir.

(*b*) La plupart des colonies grecques fondées en Asie, en Sicile et en Italie, ne le furent que pour ce motif.

elles, c'est d'avoir un nombre suffisant d'habitans pour se maintenir dans le pays ; les peuplades suivantes que l'état y enverra servi-
ront peu à peu à l'agrandissement du commerce, comme j'aurai occasion de vous le dire.

« Ainsi, règle générale, n'affaiblissez jamais
l'intérieur par une dépopulation précipitée (*a*) :
car soyez persuadé que tous les hommes envoyés au loin pour repeupler de nouveaux
pays, sont entièrement perdus pour l'état,
quoique restant sous sa domination.

« Je vous ai dit que cette colonie était fondée
dans l'intérêt de sa métropole ; c'est ce que je
vous prouverai, quand vous connaîtrez les
différentes branches de son industrie, que
vous aurez parcouru ses campagnes , visité

(*a*) C'est encore en observant strictement cette règle,
que l'importante compagnie des Portugais établie au
Brésil est parvenue à faire la principale richesse de sa
nation ; au contraire l'Espagne s'est dépeuplée tout d'un
coup par ses colonies américaines.

ses manufactures et sa marine. Alors vous
aurez une idée juste de ses productions et de
ses richesses, et nous pourrons avec fruit
aborder cette matière ; pour l'instant con-
tentez-vous de l'envisager sous des rapports
purement politiques. Mon premier but, vous
ai - je dit, en fondant cette colonie, a été
d'assurer à l'état sa domination dans un pays
nouvellement conquis : car toute colonie est
une suite de la conquête, et doit aussi en
être la sûreté. Les Romains ont usé quelquefois d'un remède violent pour assurer leur tranquillité au milieu de certains peuples vaincus
sans cesse exaspérés par une domination injuste et cruelle ; c'était de les exterminer jusqu'au dernier. Nous préserve le ciel de les imiter
en rien de semblable, ce serait non - seulement nous aliéner à jamais l'affection de nos
voisins, mais encore nous susciter d'interminables guerres qui anéantiraient bientôt
toutes les espérances de cette colonie. Notre

métropole a prudemment agi ; victorieuse , elle n'a dépossédé aucun habitant. Leurs droits comme propriétaires ont été respectés (*a*), parce que les productions étaient légitimement dues à leur travail. Seulement, on s'est emparé des terres incultes et sans maître , d'après ce principe, que tout terrain qui n'est pas cultivé est commun à tous les hommes, la nature produisant sans distinction des fruits pour la conservation de tous. Cependant aux premiers troubles que nous susciteront ces peuples encore sauvages et barbares, qu'ils s'attendent à toutes les mesures de rigueur que nécessiteront les circonstances ; sévérité qui trouvera son excuse dans leur propre rébel-

---

(*a*) Si cependant l'intérêt de l'état l'exigeait , il ne faudrait pas hésiter à chasser du territoire les habitans qui, par leur position politique , pourraient en être les plus dangereux ennemis ; c'est ainsi que nous avons expulsé d'Alger les Turcs, qui étaient les seuls grands propriétaires.

lion : nous en purgerons le territoire, soit en les exterminant dans la guerre qu'ils nous auront suscitée, soit en les envoyant repeupler des contrées désertes (*a*), où l'état a encore quel-

---

(*a*) Les Romains employaient très souvent ce moyen, et cette transmutation d'habitans fut toujours suivie d'heureux résultats. Ne pourrait-on pas de même transplanter d'Afrique en Amérique, ou exporter dans les déserts de la Cafrerie les indigènes qui se seraient révoltés en les remplaçant par la même quantité de sujets tirés de nos colonies ou de tout autre pays ? En expulsant les mutins, on coupe court aux révoltes, car une fois transplantés dans un pays inconnu, exposés à tous les besoins les plus nécessiteux , ils ont bien autre chose à songer qu'à se jeter dans les troubles politiques. L'éloignement et le défaut de communication éteint bientôt tout esprit de haine et de vengeance.

A Lesbos , les anciens habitans s'étant révoltés , furent dépossédés de leurs terres , qui, après avoir été partagées en trois mille parts , furent données en partie à des Athéniens ; par suite de cette mesure rigoureuse, les Lesbiens devinrent fermiers, de propriétaires qu'ils étaient. Cet exemple de sévérité ne pourrait-il pas encore trouver son application à l'égard des propriétaires indigènes, qui , malgré la foi des traités , se porteraient à

ques possessions. Leurs terres seront distribuées à de nouveaux sujets tirés en même quantité de pays trop peuplés. Nous traiterons
ainsi tous les peuples voisins qui menaceront
le repos de cette colonie, au mépris des traités conclus avec eux : car le vœu de notre
métropole étant de donner le plus d'extension possible au commerce et à l'agriculture ,
je ne puis assez rechercher l'occasion d'étendre les frontières de ce pays. »

Sur ces entrefaites deux bâtimens entrèrent
dans le port et bientôt après je vis débarquer
un nombre considérable d'hommes et de
femmes au milieu des plus bruyantes acclamations. Je remarquai dans le nombre beau-

---

quelque excès préjudiciable à notre colonie, comme cela
est déjà arrivé avec les arabes Bédouins. Une fois déposs-
sédés par le fait de leur délit politique, on pourrait les
employer à défricher les terres incultes au profit de la
colonie. Un exemple de sévérité donné à propos à des
sauvages produit souvent les meilleurs effets.

coup de vieux soldats libérés du service. Tous furent reçus par les habitans de la colonie avec une certaine solennité qui semblait marquer l'empressement qu'on avait à les recevoir. Stilicon nous quitta un instant pour aller à la rencontre d'un de ces nouveaux hôtes qu'il crut reconnaître. Je restai seul quelques instans avec Hermès qui me parut fort satisfait de l'arrivée de ce nouveau colon. « Voilà, me dit-il, un accroissement de population ; il s'agit maintenant de le répartir convenablement.» —Qu'entendez-vous par-là? repris-je aussitôt. Alors, sans me répondre, de la pointe de son épée il traça sur le sable la position topographique de plusieurs colonies qui, dispersées sur une fort grande étendue de terrain, étaient néanmoins assez rapprochées pour se secourir mutuellement en cas d'attaque.» Vous avez cru jusqu'à présent, me dit-il, que ma colonie se trouvait agglomérée sur un seul point ; c'est une erreur, je l'ai divisée, ou plutôt j'en ai fondé plusieurs au fur et à mesure que chacune d'elles avait atteint le contingent fixé. Mon but en les dispersant ainsi sur toute la surface du pays, a été d'en faire des espèces de camps permanens , qui, dans toutes les circonstances , fussent toujours prêts à prendre les armes, et à contenir dans l'obéissance ces peuplades sauvages dont le naturel perfide et remuant nous oblige à rester constamment sur nos gardes (1).

« Cette ville que vous voyez bâtie en amphithéâtre sur le bord de la mer, principal lieu de ma résidence, est comme le centre où s'alimentent mes forces, et d'où se répartissent ces petites colonies pour aller occuper différens points de la circonférence. Aussi lui ai-je donné une prépondérance marquée sur toutes les autres. Les établissemens de ces colonies ainsi répartis me deviennent indispensables pour fortifier les lieux ouverts et exposés aux agressions de l'ennemi. J'agrandis le rayon à mesure qu'elles prennent de la consistance. Les intervalles qui existent d'une colonie à l'autre, sont occupés par les tribus que nous croyons les plus dévouées, et qui par suite de leurs relations avec nous ont intérêt de se bien défendre. Au surplus toutes ces colonies habitent de petites villes assez bien fortifiées, pour les mettre à l'abri d'un coup de main. Les tribus ont pareillement des enceintes fortifiées où elles se retirent en cas de surprise, pour exécuter ensuite des sorties vigoureuses. C'est à l'aide de cette barrière, ou plutôt avec cette ceinture que le pays se voit à l'abri de toute surprise de la part de l'ennemi. Nous irons visiter un de ces jours les ouvrages de fortifications qui ont été construites récemment sur divers points (a) pour suppléer

----

(a) Voyez la sixième journée, organisation militaire. Au reste, on peut encore, à l'aide de canaux creusés exprès, si les localités le permettent, se mettre à couvert des incursions des barbares.

aux forces qui nous manquent. — Mais, vous
demanderai-je, avez-vous eu dès le principe
assez de monde pour peupler ces petites colonies ainsi disséminées autour de vous? — Non,
sans doute; je me suis vu forcé de recourir à
des cantonnemens établis sur différens points
du territoire. Mais ces moyens étaient dispen-
dieux, fatiguaient le soldat, et me privaient
des troupes dont je pouvais avoir besoin en
cas d'invasion. J'y ai donc renoncé. Aujour-
d'hui ces colonies se suffisent à elles-mêmes
(car tout habitant est ici à la fois laboureur et
soldat); elles tiennent en respect les peuples qui voudraient envahir le pays; en cas
de guerre, elles s'opposent à leur entrée sur
le territoire, et donnent le temps aux forces
intérieures de se déployer et de venir en masse
au secours des frontières. Du reste, elles ne
peuvent jamais devenir bien redoutables à la
colonie principale, parce que n'étant que de
six à sept mille hommes au plus, ce nombre

3.

n'est pas assez considérable pour lui porter ombrage *(a)*. Si l'ennemi essayait de nous surprendre et de pénétrer dans l'intérieur, qu'arriverait-il? que se trouvant bientôt cerné de tous côtés, il ne lui resterait plus d'autre ressource que de mettre bas les armes ou de se faire écharper jusqu'au dernier. Quant aux tribus qui se sont ralliées à nous, je suspecte peu leur fidélité, n'étant composées que d'indigènes déshabitués de la vie errante, et par conséquent intéressés à défendre leurs foyers. La plupart d'entre elles ont adopté nos usages et même notre religion : aussi les habitans dont elles se composent appartiennent-ils bien plus à nous qu'à ces barbares, qui ne manqueraient pas de les exterminer comme des

---

(a) Les colonies romaines n'étant formées que de six à sept mille hommes, à peu près de la force d'une légion, elles étaient dispersées ainsi sur toute la surface de l'Italie, dans le même but que je le dis ici.

traîtres, s'ils tombaient jamais en leur pouvoir.
Vous verrez plus tard par quels liens je me les
suis attachés. »

Cependant Stilicon nous rejoignit et nous fit
l'éloge des nouveau venus que la métropole
leur envoyait. Il achevait à peine, que nous les
vîmes arriver en ordre et divisés par classes.
La première se composait de vétérans, de soldats licenciés ou libérés du service; la seconde, d'ouvriers de tout genre ; la troisième,
à une grande distance des autres, n'était
composée que de forçats libérés, de gens sans
aveu, ou placés sous la surveillance de la
haute police; enfin suivait la quatrième composée d'une multitude d'étrangers que des
circonstances particulières ou les événemens
de la guerre avaient retenus au sein de la métropole, quoique leur présence y fût plus
nuisible qu'avantageuse. « Vous ignorez encore, me dit Hermés, de quelle manière
cette multitude d'individus est répartie dans

nos diverses colonies, le voici : tous ces braves, vieillis au service de la patrie, soit dans ce pays, soit dans la métropole, trouvent ici la récompense due à leurs services, sans être à charge à l'état. Elle consiste en portion de terres et instrumens aratoires qu'on leur donne en propriété, à la condition de se livrer à la vie agricole et de se marier dans la colonie. Par ce moyen l'état se libère envers eux de la solde de retraite, trouve toujours de bons soldats au besoin et d'excellens cultivateurs attachés à leurs foyers et à leurs familles (a). Je suis assuré de leur dévouement et de leur fidélité, parce que la conservation de leurs biens

---

(a) Alexandre se débarrassait ainsi de ses vieux soldats, en les envoyant coloniser des pays de nouvelles conquêtes. Il en avait distribué une grande quantité dans les environs de Bactres. (QUINTE-CURCE, v. 2.)

De même Sylla, après son abdication, donna des établissemens à la plupart des soldats qui l'avaient suivi : aussi pouvait-il en toute occasion compter sur leur fidélité, et les armer pour lui et pour la république.

repose en quelque sorte sur ma tête, et qu'ils sont intéressés à les défendre. Outre les vétérans, il est ici une classe de soldats qui, après avoir fait partie des grandes armées de la métropole, ont été licenciés au retour de la paix par raison d'économie. Beaucoup d'entre eux se trouvant sans état au licenciement ont obtenu des terres, dont ils deviendront propriétaires, lorsqu'ils auront atteint le terme fixé pour la vétérance, à la condition expresse de rejoindre leurs drapeaux, si la guerre se déclarait dans cet intervalle, et qu'ils fussent rappelés.

« La seconde classe se compose, comme vous le voyez, d'artisans et d'ouvriers de toute espèce, que je répartirai proportionnellement dans mes colonies. Ils continueront d'y exercer leurs professions, si l'agriculture ne les réclame pas : car de même que la métropole me les envoie parce qu'ils surabondent chez elle, et qu'étant sans ouvrage, ils se livreraient

à des désordres qu'il est à propos de prévenir,
de même je ne les reçois dans mes ateliers ou
dans mes manufactures, qu'après avoir fait la
part des hommes que réclame l'agriculture;
de telle façon que l'industrie manufacturière
ne puisse jamais s'exercer au détriment d'un
art qui sans contredit est le plus nécessaire à
la prospérité des états. »

Les forçats libérés et cette multitude d'individus placés sous la surveillance de la police,
véritable gangrène des grandes villes, défilèrent à leur tour sous nos yeux et en bon
ordre. Alors Hermès me prenant à l'écart :
« Pour ceux-là, me dit-il, j'en ai fait une colonie à part placée sur les frontières les plus
reculées; elle communique peu avec les autres,
n'étant composée que de gens d'une réputation tarée (2). On leur abandonne des terres
qu'ils cultivent à leur profit. Après un temps
déterminé, si les rapports qu'on reçoit annuellement sur leur compte sont favorables,

il leur est permis de transporter leurs pénates
où bon leur semble, et la portion de terre
qu'ils ont constamment cultivée leur appartient en propriété. Il est vrai que leur fron-
tière, plus que toutes les autres, est exposée
aux agressions de l'ennemi ; mais comme ils
sont intéressés à défendre leurs foyers, leur
famille, leurs troupeaux, peut-on présumer
qu'ils trahissent leurs propres intérêts? Au
surplus il ne leur est fait de concession de
terres qu'à la condition expresse de s'établir dans la colonie. Plusieurs d'entre eux
s'allient à des familles du pays, ou quelquefois épousent de ces malheureuses créa-
tures reprises de justice, et forcées d'ex-
pier sous d'affreux verrous les désordres de
leur conduite : car nous avons ici des établissemens qui leur sont spécialement consacrés,
et dont elles paient l'entretien sur le produit
de leur travail.

« Ainsi vous voyez que je trouve le moyen

de purger la métropole de cette foule d'individus qui en étaient devenus l'opprobre et le fléau. Au contraire, une fois attachés à ce sol, c'est un air régénérateur qu'ils respirent, c'est l'oubli de leurs crimes qu'ils boivent à longs traits, c'est une nouvelle vie politique qui va recommencer pour eux. Ce n'est plus cette société inflexible, impitoyable, qui les rejetait de son sein comme des membres gangrenés, indignes de lui appartenir ; c'est une nouvelle terre, un nouveau monde qui les reçoit, les adopte avec d'autant plus d'empressement, qu'il ignore en quelque sorte les crimes et les désordres qui ont attiré sur eux la vindicte publique. Là , toutes les ressources honnêtes leur sont ouvertes de nouveau ; leurs forces morales et physiques se renouvellent; l'espoir de reparaître avec avantage parmi leurs semblables les enivre; le travail seul leur plaît, toutes leurs idées se tournent de ce côté, et lancés dans quelque profession utile, bientôt vous les verrez devenir l'espoir de la colonie qui les a adoptés. Comment s'est retrempé leur moral? Par le travail, par cette idée consolante qu'ils peuvent encore, éloignés comme ils sont, des lieux témoins de leurs désordres, se replacer avec avantage dans l'opinion. En effet, rien ne désespère plus des êtres frappés du sceau de la réprobation, que cet affreux isolement où ils se trouvent au milieu de leurs semblables, vivant comme en dehors, couverts de honte et d'opprobre, sans espoir d'améliorer jamais leur position sociale.

Mais voici une dernière classe qui mérite de notre part une sollicitude toute paternelle. Elle se compose en partie de soldats étrangers, qui, échappés aux horreurs de la guerre, et fuyant le joug d'un vainqueur impitoyable, ou redoutant la misère qui les attend dans une patrie ravagée, viennent implorer un asile sur cette terre de paix et de bonheur. La métropole les a reçus et accueillis avec empressement; mais sa position financière ne lui permettant pas de les garder à sa charge, il est juste dans cette circonstance qu'elle se débarrasse d'eux plutôt que de ses propres citoyens. Aú reste, les égards, les bons procédés qu'on observe envers eux, les attirent en foule dans cette contrée riche et fertile. Ainsi, tandis que les autres nations se dépeuplent par la guerre, la nôtre trouve le secret de faire servir la guerre même à sa population (*a*). »

(*a*) Les prisonniers qui servaient comme esclaves dans les maisons romaines, et que leurs maîtres avaient coutume d'affranchir en récompense de leurs services, augmentèrent à un tel point la population de Rome, que l'état fut obligé de les répartir dans tous les pays conquis, pour les repeupler après les ravages de la guerre. C'était, comme l'a dit quelqu'un, étendre la ville de Rome par tout l'empire. En cela, imitons les anciens, cherchons-nous des citoyens par tout l'univers, et que les côtes d'Afrique soient toujours ouvertes au peuple courageux dont la fortune inconstante aura trompé la noble attente, et qui volontairement viendra s'y établir.

Cependant, toutes ces classes, après avoir défilé devant Hermès, se séparèrent les unes des autres pour rejoindre leurs colonies respectives.

Peu de temps après on vint annoncer à Hermès que plusieurs bâtimens marchands étaient entrés dans le port, et qu'on le priait de s'y rendre. Je restai seul avec Stilicon, et nous continuâmes notre promenade au bord de la mer en reprenant le fil de notre conversation.—« Vous avez à votre tête un homme de génie, lui dis-je, et votre colonie ne peut que prospérer sous un tel chef. — Nous n'en doutons pas, repartit Stilicon, c'est notre ancre de salut ; oui, il est pour nous comme cet astre de lumière et de vie autour duquel viennent graviter tous les autres. A-t-il jamais perdu de vue un seul instant les intérêts de sa colonie ? que dis-je ! il les épouse avec une telle chaleur qu'il n'est pas d'avances auxquelles l'état (*a*), sur ses instances réitérées, n'ait fini par se prêter pour consolider cet établissement. Rien n'égale sa persévérance et son opiniâtreté ; et vous n'ignorez pas qu'en toute entreprise de ce genre la constance a des effets plus sûrs, des principes plus solides que tous les sacrifices auxquels un état puisse se prêter : car jusqu'à ce que le commerce vienne répandre ses bienfaits, et nous donner quelque consistance, il n'est pas d'encouragement dont nous n'ayons besoin. Aussi le chef suprême a-t-il constamment opposé une fermeté vraiment héroïque aux difficultés rebutantes qui sont venues entraver nos commencemens, et qui aurait fini par rebuter le malheureux colon, exténué de peine sans aucun espoir de succès. Vous sentez jusqu'à quel

---

(*a*) Ces premières dépenses sont toujours à la charge de l'état.

point la fortune future de notre colonie repose sur les talens de son fondateur. Le fait
est, que si elle était négligée, non-seulement
faudrait-il consentir à en être pour ses peines
et ses déboursés, mais encore serions-nous à
chaque instant menacés de devenir la proie
de nos voisins. Toutefois ce sont là des in-
quiétudes que nous ne pouvons concevoir,
grace à l'état de prospérité où nous sommes
déjà parvenus. Vit-on jamais la culture plus
en vigueur? jamais la concurrence du commerce y fut-elle mieux établie? aussi n'est-il
pas d'avances que nous ne recevions de l'ambitieux négociant, pour nous livrer à l'agriculture, certain qu'un jour les productions
du sol les lui rendront avec usure. »

Cependant Hermès nous rejoignit, paraissant soucieux et de mauvaise humeur. « Je serai
forcé, me dit-il, de faire un exemple; un seul
acte de sévérité peut quelquefois prévenir de
grands désordres. Encore des marchandises

exportées au profit de l'étranger et au détriment de la métropole! puis-je tolérer plus
long - temps un pareil abus ? — Mais que
m'apprenez - vous, le commerce n'est donc
point libre chez vous? — Il l'est, hors le cas
où il a lieu au détriment de la métropole :
par exemple, si elle manque des denrées de
première nécessité, n'est-il pas juste qu'elle
ait la préférence sur l'étranger pour la
consommation, elle qui ne favorise le commerce dans sa colonie que pour se dé-
dommager de la perte de ses habitans, et
des peines qu'elle a prise de la fonder? Enfin, n'est-ce pas commettre un vol que de la
frustrer des choses dont elle a besoin? La
colonie ne doit donc jamais oublier qu'elle est
sous sa protection et sa dépendance immédiate; qu'elle n'existe que pour augmenter le
bien-être de sa métropole et suppléer à tous
ses besoins. » J'interrompis Hermès et lui demandai s'il ne devait pas naître de cette dé-

pendance une infinité de devoirs entre une colonie et sa métropole. «Assurément, reprit-il, tous ses devoirs sont renfermés dans le titre de métropole ou ville-mère, et les liens qui existent entre une colonie et la mère patrie, sont les mêmes que ceux qui unissent les pères et les enfans (*a*), union qui ne porte point atteinte à la liberté de la colonie, quoique la métropole ait une véritable supériorité sur elle, parce qu'elle est en quelque sorte volontaire, étant fondée sur la justice et la reconnaissance; aussi existe-t-elle sans loi expresse (*b*). La même union existe encore

---

(*a*) *Ut parentes erga liberos decet*. Ces préambules se voyaient sur les tables d'airain, dépositaires des traités conçus entre les Locriens d'Italie, qui relevaient des Locriens grecs, leurs fondateurs.

(*b*) Il n'est point nécessaire de spécifier ces droits par des lois et des traités. L'usage a l'avantage sur la loi, qu'étant fondé sur l'engagement libre et unanime des peuples, elle tire toute sa force d'une pratique volontaire. Les nations dans tous les temps la regardèrent

entre les colonies, lorsqu'elles sortent de la
même souche, et conséquemment doivent-

---

comme leur propre ouvrage. Telle est la différence que
fait Bougainville entre l'usage et la loi, et c'est de là que
je pars pour répondre à une objection qui pourrait m'ê-
tre faite, et que voici : à quoi sert-il de parler des devoirs imposés aux colonies, si l'on n'indique pas de
moyens coërcitifs pour en assurer l'exécution ? En faut-il
donc, demanderai-je, pour des obligations qui décou-
lent de la loi naturelle, obligations fondées sur la justice et
la reconnaissance, et qui ne sont qu'une suite de la protection accordée aux colonies par leur métropole ? Je ne
le pense pas. Disons qu'elles s'y conformeront plus ou
moins, suivant l'inspiration sous laquelle leurs mœurs
auront été formées : car il y a, pour les nations comme
pour les individus, un état de perfection où elles arri-
vent par degrés, et dans lequel on les voit professer des
sentimens généreux que ne peuvent concevoir des peuples barbares; et il y en a un autre, qui est un état de
dépravation et de décadence, où on les voit fouler aux
pieds tout ce qui a d'abord été l'objet de leur vénération. Croirons-nous toutes nos colonies indistinctement
parvenues à ce dernier état de dégradation ? Non, certes;
ce serait faire injure à l'état de civilisation dont s'hono-
rent les peuples de notre époque. Au surplus, on se
tromperait fort si l'on voulait inférer, de ce que dit Hermès sur les obligations des colonies envers leurs métro-

elles se soumettre à tous les devoirs de sœurs, devoirs réciproques qui les mettent dans l'obligation de se secourir mutuellement (3).

Au surplus tous ces devoirs n'étant qu'une suite naturelle de la dépendance et de la reconnaissance que doivent les colonies à leur métropole, si elles y manquent, elles s'exposent à des châtimens rigoureux (*a*). De son côté la métropole est dans l'obligation de veiller aux intérêts de ses colonies, et de leur prêter secours et protection (4).— Je conçois toutes

---

poles, que je veuille les tenir éternellement à la lisière. Je suis loin de là : au contraire, je crois, avec Mably, qu'il est de l'intérêt des métropoles d'abandonner leurs colonies à elles-mêmes, aussitôt qu'elles peuvent se passer de leur appui; mais ce n'est pas à dire pour cela que ces dernières, une fois indépendantes, se hâteront d'étouffer toute espèce de reconnaissance pour les villes dont elles tirent leur origine.

(*a*) Je le répète encore, je n'indique aucuns moyens coërcitifs; c'est aux métropoles à prendre telles mesures qu'elles jugeront nécessaires pour assurer leurs droits vis-à-vis de leurs colonies.

4.

les obligations qui dérivent d'une pareille alliance; mais, dites-moi, les habitans de cette
colonie en sont-ils aussi pénétrés que vous?
— Je fais mes efforts pour rappeler cette simplicité qui appartient aux mœurs antiques,
mais nous en sommes si éloignés dans le
siècle où nous vivons, qu'à vous parler fran-
chement, j'espère peu de succès à cet égard.
Cependant si la métropole se trouvait en
danger, je suis persuadé qu'il n'est pas de
sacrifices que cette colonie ne fît pour la secourir (5). Ouvrir nos ports à ses flottes, notre
territoire à ses armées, observer tous les
droits de l'hospitalité (6) envers les individus
ou les troupes qui lui appartiennent, sont des
devoirs qu'elle observe d'elle-même, et par
un sentiment de reconnaissance. Enfin, elle
sait qu'il est obligatoire pour elle de voler au
secours de la métropole quand elle est me-
nacée d'un péril imminent, persuadée que ce
serait un déshonneur d'abandonner la ville

dont elle tient l'existence (7). Je la crois même susceptible de pousser le scrupule jusqu'à rompre toute alliance avec celles des nations qui seraient en guerre avec elle. »

J'interrompis Hermès et lui demandai si la colonie, par suite de sa dépendance envers la métropole, était tenue de recevoir le mode de gouvernement que cette dernière voulait lui imposer.—« Assurément, reprit-il, ce droit est une suite naturelle du soin qu'elle prend d'elle. Cette colonie a été obligée de me recevoir comme son chef, lui étant imposé de droit par l'état. Elle doit pareillement en tirer ses généraux, ses magistrats (8), et en outre accueillir les citoyens que lui envoie la métropole, sous quelque prétexte que ce soit, pour les admettre au partage des terres concurremment avec les autres colons, quelque dur que soit ce partage pour ces derniers. »

Hermès ayant cessé de parler, je le remerciai de l'extrême obligeance avec laquelle il

avait répondu à mes questions, et je lui témoignai le désir le plus vif de m'instruire
quelque temps à son école ; ce qu'il me promit affectueusement. Ensuite Stilicon nous
ayant fait observer que le soleil était à son
déclin, et que la nuit menaçait, nous nous
séparâmes pour retourner chacun à nos habitations.

FIN DE LA PREMIÈRE JOURNÉE.

NOTES

LA PREMIÈRE JOURNÉE.

---

(1) Il me semble que ce système de colonisation pourrait s'appliquer avantageusement au pays d'Alger, parce qu'il tendrait à le mettre à l'abri des incursions de l'ennemi ; car il faut s'attendre à le voir long-temps infesté de partis vagabonds, qui viendront à l'improviste, et de préférence au temps des moissons, piller et ravager les campagnes. Pour en revenir à la disposition de mes colonies, on voit qu'elles partent d'un point central, que je supposerai être Alger, et que de là elles vont se disséminer sur différens points du territoire, toutefois dans un rayon assez rapproché les unes des autres pour être à portée de se secourir mutuellement. Au fur et à

mesure que la population augmentera, d'autres colonies se formeront dans un rayon encore plus étendu, de manière à éloigner toujours la circonférence du centre, et par conséquent à occuper le plus de pays qu'il sera possible. On peut, à ces colonies permanentes, en ajouter de mobiles, qui, prenant pour point de départ celles placées à l'extrémité des rayons, et par conséquent les plus éloignées d'Alger, seront chargées d'explorer toutes les contrées de l'intérieur. Ces colonies mobiles devront être composées des meilleures de nos troupes. Au reste, partout où elles se fixeront, elles y apporteront les bienfaits de la civilisation, et, en ouvrant de tous côtés des communications, provoqueront des relations commerciales jusque dans les villes les plus reculées de l'Afrique.

(2) En Grèce, ceux qu'on envoyait au loin coloniser des contrées désertes et incultes, ne se composaient que de gens oisifs, ruinés, séditieux, n'ayant que la vie à risquer dans une révolution. Aujourd'hui, rien ne serait plus facile à la France que de se débarrasser de cette multitude de prolétaires dont elle est encombrée sans les pouvoir uti-

liser ; ce serait de reverser en Afrique cette superfétation d'hommes qui lui est plus nuisible qu'avantageuse. Je ne voudrais voir en France ni mendians,
ni forçats libérés, ni gens sans aveu. On veut coloniser Alger, on veut repeupler, fertiliser d'immenses déserts ; il faut des hommes par conséquent.
Pourquoi ne pas y envoyer d'abord cette classe
d'individus qui est la partie gangrenée des grandes
villes ? Qu'elle parte à l'instant ; qu'elle aille former
une colonie dans les parages les plus éloignés d'Alger. Cela ne vaut-il pas mieux que de nourrir chez
soi un tas de malfaiteurs et de femmes prostituées
qui, pour la plupart, ne persévèrent dans le vice,
que parce qu'il y a pour eux impossibilité d'en sortir ? Cela ne vaut-il pas mieux que de laisser
mourir de faim cette foule d'ouvriers qu'on voit
regorger dans les villes manufacturières, s'en
allant de porte en porte mendier leur pain ,
implorer du travail que l'industriel lui-même ne
peut donner, malgré toute la pitié qu'ils inspirent?

Qu'on ne me dise pas que ce ramassis de gens
formant l'écume de la société, ne puisse être
avantageusement colonisé ; l'expérience a prouvé

le contraire (*). J'ai dit que j'en formerai une colonie isolée, parce que je ne vois pas la nécessité de multiplier les relations avec des individus
que la société a rejetés de son sein, et que les membres des autres colonies répugneraient eux-mêmes
à garder au milieu d'eux. Après quelques années d'expiations, après que le temps aura passé
l'éponge sur les taches qui ont terni leur vie,
qu'il leur soit permis de se fixer partout où ils le
jugeront convenable, je n'y vois aucun inconvénient. Si, dans le principe, Romulus s'associa indistinctement tous ceux qui se proposaient de vivre
de brigandages, de fugitifs, de gens sans aveu, c'est
qu'il n'avait point encore de cité, et qu'il se voyait
trop peu de monde pour en fonder une. Il n'avait
que 3,000 hommes et 300 cavaliers ; pouvait-il,
avec ce noyau d'armée, se flatter de résister aux
nombreux ennemis qui cherchaient constamment
à l'écraser ? Non, sans doute ; il fut donc forcé
d'ouvrir un asile à quiconque se presentait.

(3) C'est ainsi que la ville de Corinthe, en soutenant sa métropole dans l'entreprise qu'elle formait

---

(*) Voyez la *Revue britannique* du mois d'août 1831.

en faveur d'Épidame et de Syracuse, n'avait pas seulement pour but de lui donner du secours, mais encore de témoigner de l'affection à des villes sorties de la même source qu'elle. (Thucydide, l. VII, ch. 56.)

(4) Que les Corinthiens, disaient ceux de Corcyre, sachent qu'une colonie n'est obligée de respecter et d'honorer sa métropole, qu'autant qu'elle en reçoit des bienfaits. Au reste, la ville de Corinthe est celle qui a le mieux observé ses devoirs envers ses colonies : aussi jouissait-elle, à cet égard, de la meilleure réputation possible. Ainsi, par exemple, lorsque ses habitans surent que les Athéniens avaient mis le siége devant Potidée, ils y envoyèrent un prompt secours, regardant comme un péril domestique celui qui menaçait la ville. (Thucydide, l. I.)

Les Carthaginois ayant fait passer en Sicile, qui dépendait de Corinthe, une armée considérable, Timoléon s'y transporta avec le peu de troupes qu'il avait à sa disposition, les attaqua, et, aussi heureux que brave, il remporta, près du fleuve Crynise, une victoire complète. Cet exemple montre d'une manière éclatante que cette ville connaissait jusqu'où allaient les devoirs d'une métropole envers ses colonies; aussi, rien n'égalait l'attachement des Syracusains pour elle. (*Voyez* BOUGAINVILLE.)

(5) Ce droit est un des plus anciens, et remonte au temps d'Homère, qui nous en fournit un exemple au deuxième livre de l'*Iliade*, à l'occasion des troupes de Salamine réunies à celles d'Athènes, leur métropole, dans l'expédition contre Troie. De même, dans l'histoire des Grecs, nous y voyons souvent des troupes auxiliaires fournies à la métropole. (HÉRODOTE, THUCYDIDE, STRABON.)

Dans la guerre de Sicile, Thucydide cite une foule de colonies qui fournissaient à Athènes des troupes auxiliaires pour la seconder dans le combat.

(6) Le droit d'hospitalité leur faisait contracter la même alliance qu'à des familles particulières. Aussi, quand l'armée d'une ville unie à une nation par ce droit arrivait chez elle, pouvait-elle y séjourner sans inquiétude ; elle était assurée d'y trouver un asile commode pour les malades, et elle avait droit au vin, à la farine, au bœuf, etc., etc.

(7) Tyr avait donné naissance à Carthage, et celle-ci, reconnaissante, eut toujours pour les auteurs de son

origine une tendresse vraiment filiale, partageant avec elle les dépouilles des villes conquises, et plaçant chez elle les plus beaux monumens dont la victoire l'avait rendue maîtresse. Si les Carthaginois ne purent venir au secours de Tyr contre Alexandre, c'est que, dans le même temps, ayant à se défendre contre un ennemi vainqueur, ils ne pouvaient satisfaire leur inclination. Mais ils reçurent les femmes et les enfans avec des marques sincères de la plus vive tendresse, et, quand Tyr fut livrée au pillage, les Sidonniens donnèrent un exempe remarquable du pouvoir qu'avait sur les cœurs l'alliance naturelle qui les unissait à ceux de Tyr en conduisant dans leurs vaisseaux un grand nombre de Tyriens, qu'ils défendirent contre les insultes des Grecs pour les faire passer à Sidon. (BOUGAINVILLE.)

(8) C'est ainsi que les Tarentins, en guerre contre les Romains, demandèrent aux Lacédémoniens, leurs fondateurs, un de leurs rois pour commander leurs troupes. (THUCYDIDE, DIODORE.) Lois, gouvernement, sénat, magistrats, tribunaux, les Athéniens firent tout passer à Délos, dont leur ville était la métropole ; cependant les décisions des magistrats de leur assemblée devaient être ratifiées par

le sénat et le peuple d'Athènes. (Voyez *le Trésor de Grutter*, p. cccv.)

Voilà ce qui se pratiquait chez les anciens. Je ne prétends pas inférer de là que tout fonctionnaire doive être tiré exclusivement de la métropole ; au contraire, il est plus avantageux de les choisir parmi les habitans de la colonie, parce qu'il est à présumer qu'ils veilleront aux intérêts de la colonie beaucoup mieux que ne le feraient des étrangers. Mais j'ai voulu établir en principe que ce choix devait rester dans les attributions du gouvernement qui aura pris soin de fonder la colonie.

DEUXIÈME JOURNÉE.

SOMMAIRE.

Mode de gouvernement approprié aux colonies. — Quelles doivent en être les premières bases.—Moyens sûrs d'en augmenter la population. — Création d'un gouverneur et d'un ou plusieurs sous-gouverneurs. — Moyens de s'attacher la multitude dans un pays de nouvelle conquête. — Respecter les lois et les préjugés des indigènes, et gagner l'esprit de leurs chefs. — Moyens de propager les lumières et d'accélérer les progrès de la civilisation parmi eux.

Le soleil était à peine levé, je quittai mon habitation pour commencer mon excursion dans la campagne et examiner les progrès de l'agriculture, lorsque Hermès, déjà livré à ses travaux accoutumés, m'aperçut, et se hâta de me rejoindre. Il était suivi d'un officier de l'état civil qui, après lui avoir donné certains renseignemens dont il avait besoin, se retira, nous laissant tous les deux ensemble. Je lui exprimai de nouveau le désir que j'avais de m'instruire à son école, et nous reprîmes le cours de nos entretiens.

« J'étais curieux de connaître l'état de ma population, me dit-il, et je n'ai qu'à me féliciter des progrès qu'elle a faits dans l'espace d'une année : ils ont dépassé de beaucoup mes espérances. Son accroissement est tel que dans peu je serai forcé d'augmenter le nombre de mes colonies, pour occuper une plus grande étendue de pays (1). — De pareils résultats sont flatteurs pour vous, repris-je alors, et prouvent que votre gouvernement repose sur d'excellentes bases. — J'ai lieu de le penser, me répondit-il, mais il faut encore dans l'exécution du bonheur, de la tenacité, et surtout cette incroyable activité, qui seule peut imprimer du mouvement à un établissement aussi considérable que celui-ci. »

Mon gouvernement, comme je vous l'ai dit, est le même que celui de la métropole (2);

ma colonie vous offrira une image fidèle de ses mœurs et de ses usages (*a*), et vous verrez bientôt par vous-même combien les lois, le caractère et la langue de la mère-patrie ont déjà influé sur les mœurs et le génie de ces peuplades. J'ai envisagé cette contrée sous deux points de vue, comme objet de conquête et comme objet de commerce (*b*). Dans le premier cas, ces peuples ayant passé sous notre domination, je les ai utilisés, selon nos besoins et le vœu de notre métropole, soit à repeupler des pays déserts, soit à servir dans nos armées; dans le second, la

---

(*a*) Toutes les fois qu'entre deux peuples il y a conformité de langue, de lois, de coutumes, de religion, on en peut tirer induction que leur origine est commune.

(*b*) Quand les pays de nouvelle conquête ne sont habités que par des sauvages, et tellement éloignés de toutes nations civilisées, que les communications deviennent presque impossibles, on fait très bien de ne les envisager que comme objet de commerce, et d'y établir des compagnies pour le diriger, comme dans l'Amérique, et dans les Indes.

5

colonisation de ce pays ayant pour but d'y répandre les bienfaits de la civilisation et d'accroître les prospérités de notre métropole, j'ai dû nécessairement donner à nos relations commerciales le plus d'extension possible. Mais il est un milieu à tenir entre cet esprit de conquête si contraire à tout état de prospérité, et cet esprit de commerce qui, renfermant en soi celui de conservation, répugne naturellement à toute espèce d'entreprises militaires (a). J'ai donc veillé sans cesse à maintenir l'équilibre entre deux principaux agens sur lesquels reposaient l'existence et la prospérité de cette colonie : car elle doit infailliblement périr, jetée comme elle est au milieu

---

(a) Rome fut trop possédée du premier; Carthage périt pour avoir trop songé à maintenir la tranquillité dans son intérieur; elle fortifiait ses frontières au lieu de les étendre. Pour peu qu'elle eût été animée de cet esprit de conquête, c'en était fait, elle triomphait des Romains, même avec ses troupes mercenaires, les seules qu'elle eût à son service.

de nations sauvages et barbares, si ses institutions trop pacifiques l'éloignaient entièrement des habitudes guerrières (*a*). Je sais qu'en se livrant au commerce maritime, elle peut entretenir son courage par les périls auxquels elle est exposée dans les grandes navigations, mais cela ne suffit pas; ce n'est qu'en se livrant aux exercices militaires, en soutenant des travaux guerriers, qu'elle peut un jour se rendre redoutable à ses ennemis. Toutefois, dans sa position actuelle, elle ne doit de long-temps

---

(*a*) « Une nation plus commerçante que guerrière, a dit quelqu'un, doit être tributaire des grands empires, si elle veut s'assurer des protections contre les peuples qui voudraient troubler son commerce. » Les Romains ont été tout à la fois laboureurs et soldats; s'ils eussent renoncé aux armes pour se livrer uniquement aux arts, que seraient-ils devenus au milieu de tant de nations ennemies? Il ne suffit pas qu'un peuple s'en rapporte à la sagesse de son gouvernement : s'il est jaloux de ses droits et de son indépendance, c'est à lui de les défendre; son courage peut seul les lui garantir.

5.

songer à prendre l'offensive : c'est la paix seule qui ranime toutes les industries, et c'est par elle seule qu'elle peut arriver au plus haut point de prospérité (3).

« Une seconde base de tout bon gouvernement, est cette liberté qui n'admet rien d'exclusif. Je le sais par expérience ; rien ne favorise plus l'agriculture, le commerce, les arts industriels, qu'un gouvernement libre. Toutefois je n'entends point ici par liberté l'abus de la chose, mais bien le droit de faire tout ce que les lois permettent ; et dans cette acception personne ne peut faire ce qui est contraire au bien général. Je vous dirai un peu plus tard quelles sont ses limites en matière de commerce.

« Enfin ce qui constitue ma troisième base, c'est cet amour du travail qu'il faut savoir inspirer aux peuples naissans pour accroître leurs prospérités, hâter les progrès de la civilisation, et favoriser leur population. C'est

pourquoi vous me voyez donner tant d'impulsion et d'encouragement au commerce, à
tous les arts industriels, sources de prospérité
chez toutes les nations. L'oisiveté étant donc le
germe de tous les crimes, c'est avec l'arme
d'Hercule que j'ai dû chercher à extirper un
vice qui ne semble promettre aux nations
qu'une fin déplorable. Aussi n'ai-je rien épargné; et la honte qui, dans l'opinion de cette
colonie, s'attache aux gens oisifs, est ici le
plus grand supplice, la plus affreuse tor-
ture que le ciel même eût pu inventer. En
effet, tout homme qui vit sans rien faire,
vit aux dépens de celui qui travaille, c'est un
vol fait à la société; il doit en être sévèrement
puni; sous ce rapport la police se fait ici avec
la dernière sévérité : aussi à peine rencontrez-
vous quelques mendians sur l'immense surface
de ce pays (*a*). En prévenant l'oisiveté, je pré-

(*a*) « L'imagination humaine a besoin d'être nourrie, »
dit un auteur; faute d'alimens, elle donne dans le travers :

viens une infinité de désordres : car c'est la nécessité de subsister qui fait désirer la guerre aux peuples oisifs (4).

« Ainsi, règle générale, encouragez tous les talens, toutes les professions, sans préférence marquée ni pour les uns ni pour les autres, et bientôt vous verrez l'agriculture et l'industrie répandre l'abondance autour de vous, et accroître la masse de vos prospérités ; car la nation la plus riche est celle qui a le plus de travaux dans tous les genres. Or, de tous les moyens les plus efficaces pour arriver à ce premier état de prospérité, l'agriculture est sans contredit celui que nous devons mettre en première ligne ; c'est à elle seule que nous devons cette heureuse abondance qui profite à toutes les classes

---

il faut donc l'occuper. Les travailleurs pensent au travail qui les nourrit ; au contraire, le débauché et le joueur machinent des crimes pour subsister. Or, plus un empire est étendu, et plus il importe que la capitale soit remplie de gens utiles et laborieux.

de la société, et contribue si rapidement
aux progrès de la population (5); car ce n'est
guère que le bien-être qui engage les hommes à se marier : aussi en quelque production
qu'elle consiste, soit en grains, soit en bestiaux, ne peut-on jamais la regarder comme
nuisible. Au contraire, tout pays dont le sol
inculte et stérile ne peut nourrir qu'un petit
nombre d'habitans, est ordinairement mal
peuplé (*a*).

« Quoi qu'il en soit, les progrès de la population ne tiennent pas à cela seul; ils dépen-

(*a*) La Pologne, malgré son gouvernement, a été plus tôt
peuplée que la Russie, parce que l'agriculture y était mieux
connue, et qu'en outre le pays est plus fertile, malgré
tous ses désavantages. L'agriculture était inconnue aux
anciens Germains ; aussi la population y était-elle beaucoup moins nombreuse. « Au surplus, toute population,
pour être heureuse, observe Condillac, doit être en rapport avec l'abondance à laquelle tous ses membres ont
droit de prétendre; car, considérée en elle-même, elle
ne prouve rien, sinon que, comme en Chine, les terres
ont une grande fertilité, et qu'elles sont cultivées par des
hommes laborieux, et qui n'ont pas de besoins. »

dent beaucoup aussi des maximes politiques, et surtout de l'égalité dans le partage des terres (6): plus elles seront divisées, plus augmentera le nombre des propriétaires, et moins, par conséquent, la culture sera négligée ; car le sentiment de la propriété est un puissant mobile pour attacher les hommes à l'industrie agricole.— Mais pouvez-vous espérer que ce partage de terre se maintienne toujours égal : car, sous ce rapport, l'égalité n'est qu'un vain mot; et, de même que l'activité, les talens ne sont pas égaux chez tous, de même les fruits de leur travail ne sont pas les mêmes pour tous : les fortunes deviennent donc inégales.—D'accord; aussi me faut-il souffrir ce que je ne puis empêcher. Vous verrez dans ma colonie comme ailleurs quelques grands propriétaires; mais il ne leur est point permis de laisser leurs terres en friche, sous peine de perdre le terrain qu'ils ne font pas cultiver (a). Chez les

----

(a) Dans un pays de nouvelle colonisation, où tout

nations où les terres sont inégalement partagées, on remédie à cet inconvénient par un
nombre suffisant de manufactures qui assu-
rent aux prolétaires d'autres moyens de
subsistance. On encourage dans cette vue le
luxe et les arts qui marchent à sa suite ; mais
quand on peut faire autrement, on doit être
sobre de ces moyens, parce qu'ils détournent
les hommes de l'agriculture, qui seule augmente les produits de la terre.

« En résumé, voici la marche que j'ai tenue
pour accroître la population de ma colonie
sans recourir à des moyens étrangers : encourager les mariages en retenant les jeunes gens

---

est à créer, où l'agriculture a besoin d'une protection
toute spéciale, il serait à propos d'avoir quelques lois
rurales appropriées à la situation du pays, par lesquelles
seraient réglées les obligations des grands propriétaires.
Au reste, ce que je dis de ces derniers ne s'applique
qu'aux pays de nouvelle colonisation qu'il s'agit de
repeupler par les moyens les plus efficaces et les plus
prompts.

dans le pays, s'appliquer également à l'agriculture et aux manufactures selon la situation de la colonie, distribuer les terres à toutes les familles au fur et à mesure de leurs besoins, et de manière que chacun pour vivre soit contraint de les cultiver; enfin éviter, autant que possible, les grands propriétaires, tel a été mon secret. Ces moyens sont lents mais infaillibles. Au surplus cette sorte de prospérité dépend en grande partie de l'action constante d'un bon gouvernement. Les guerres et les révoltes n'étant que momentanées dépeuplent moins une colonie que ces moyens-là ne la repeuplent.

«Tels sont les principes qui ont servi de base à mon gouvernement. J'ai plus d'une fois lutté contre des difficultés presque insurmontables; aucunes ne m'ont découragé : où n'arrive-t-on pas avec de la persévérance et de la tenacité? Il est vrai que je n'ai pu toujours observer une justice rigoureuse, et qu'il m'a fallu plus d'une fois sacrifier les intérêts de détails, lorsqu'ils n'entraient pas dans le plan général que je m'étais tracé; mais je n'avais qu'une chose en vue, c'était d'assurer la tranquillité et le bien-être de ma colonie, en la soumettant à ce principe de subordination que la nature elle-même observe à l'égard de ses œuvres. »

Cependant Stilicon nous rejoignit, et prévint Hermès qu'un chef de tribu désirait l'entretenir sur quelques affaires relatives à son administration. Hermès prit congé de moi, et me laissa en tête-à-tête avec Stilicon. Pour mettre à profit le temps qui nous restait encore, je questionnai ce dernier sur le mode de gouvernement adopté non seulement pour la colonie, mais pour les indigènes qui vivaient en bonne intelligence avec elle. — «Le titre qui lui a été conféré par notre métropole, me dit-il, est celui de gouverneur (7). C'est le chef suprême chargé des destinées de la colonie, et de veiller en même temps aux intérêts de l'état, qui seul était en droit de le choisir. Ce mode de gouvernement, ajouta Stilicon, me semble fort bien approprié à un pays de nouvelle conquête, où l'on ne peut compter sur aucune stabilité, où les événemens, se succédant sans cesse, nécessitent des mesures spontanées et rigoureuses ; il faut donc un chef capable de pourvoir aux accidens inopinés. Hermès me semble réunir toutes ces qualités : il est fait pour servir l'état, selon le droit, parce qu'il a dans la tête des idées d'ordre, et que l'ordre est la source de toutes les prospérités publiques. Il a d'ailleurs cette activité si nécessaire aux hommes d'état, et cette tenacité dans le caractère qui est le propre des esprits supérieurs. Il ne rêve que le bonheur de sa colonie, et cette pensée est la seule qui le consume, le dévore, et qu'il poursuive sous toutes les formes. Son gouvernement est réglé de telle manière que les citoyens se voient soustraits à toute autorité arbitraire ; la force n'est ici employée qu'à réprimer la licence : aussi, malheur à ces agitateurs, véritables fléaux des états, qui, sous prétexte qu'ils vivent sous un gouvernement libre, ne rêvent qu'anarchie, que troubles et que désordres. Néanmoins on peut compter sur sa clémence, toutes les fois qu'on y donne lieu, car c'est l'obéissance volontaire qui adoucit la rigueur du commandement. —Mais que sont devenus les principaux chefs que vous avez trouvés revêtus du pouvoir en entrant dans ce pays ? car ces peuples sauvages, du fond de leurs déserts, n'appréciant rien au-delà de leur liberté, sont accoutumés à obéir suivant leur fantaisie aux chefs qu'ils se choisissent eux-mêmes (*a*). En effet, comment

---

(*a*) Il est une remarque à faire à cet égard, et qui ne regarde point les peuples civilisés : c'est que plus l'on veut inspirer l'esprit de subordination à des peuples encore grossiers et sauvages, moins il faut obtempérer au changement des chefs. Ils doivent vieillir avec leurs

imaginer que ces barbares, qui n'ont avec vous aucune liaison de religion, de mœurs, de langage, se soumettent sans répugnance à une obéissance passive, par cela seul qu'ils ont été forcés de céder à la supériorité de vos armes?— Vous avez raison, ils ont été vaincus mais non soumis. Nous le voyons journellement, et s'ils

---

subordonnés, car la vénération, la crainte, la confiance qu'ils leur inspirent, est autant le résultat de leur conduite et de leur capacité, que le fruit de cette longue suite d'années qui s'est écoulée au milieu d'eux, et pendant lesquelles les peines et les périls d'une vie guerrière ont toujours été en commun. Plus un peuple est dépravé, plus il est porté à se défaire de ses chefs, à la moindre contrariété qu'il éprouve; témoin les Algériens, peuple composé d'un ramassis d'individus appartenant à tous les pays, n'ont-ils pas eu dans un jour jusqu'à cinq deys élus et immédiatement après assassinés? Au contraire, plus un peuple est voisin de cet état de simplicité dont les mœurs antiques fournissent tant d'exemples, plus il tient aux chefs qu'il s'est donnés, et cette affection s'étend jusqu'à leurs descendans : aussi, aiment-ils à les voir succéder à leur père.

pouvaient aujourd'hui même secouer notre joug, quelque doux qu'il soit, ils le feraient volontiers, préférant obéir à des chefs de leur nation, quoique souvent injustes et cruels. Cependant Hermès se propose de changer à la longue et insensiblement leur mode de gouvernement. Pour l'instant, il s'est contenté de changer les dénominations qu'ils prenaient avant notre entrée sur leur territoire, soit pour effacer avec le temps le souvenir de leur ancienne domination, soit pour leur rappeler sa supériorité sur eux (*a*).

(*a*) Les noms rappellent les choses, et réveillent des souvenirs qu'il est quelquefois nuisible d'entretenir. Ce n'est donc point par un motif puéril, comme on pourrait d'abord se l'imaginer, que quelques fondateurs ont porté leur attention jusqu'à changer d'anciennes dénominations. Et à ce propos demanderai-je, pourquoi ne pas abolir les dénominations de bey, qui existent encore dans le gouvernement d'Alger ? Pourquoi ne rendrait-on pas à cette ville son ancien nom de Césarée, qui rappelle les temps les plus florissans de Rome, tandis que l'autre

« Les personnages les plus importans après les gouverneurs sont les sous-gouverneurs (8); leurs fonctions et leur responsabilité sont les mêmes que celles du gouverneur envers l'état. Les chefs subalternes, pris parmi celles des tribus qui vivent en bonne intelligence avec nous, sont au choix du gouverneur sur la proposition du sous-gouverneur. Ils nous sont entièrement dévoués; et, comme vous le savez, l'esprit des chefs une fois gagné, on se rend bientôt maître de celui de la multitude. Toutes ces petites autorités intermédiaires, sorties des écoles gratuites établies dans le pays, donnent l'impulsion à leurs tribus, comme Hermès la donne à toute sa colonie. Par-là, toute la population divisée en fractions, et chaque fraction ayant à sa tête un chef éclairé et de son choix, il en est résulté cette incroyable facilité, que vous

---

ne porte l'esprit que sur une époque barbare, qui fut un temps de calamité pour toute la chrétienté?

remarquez pour propager les lumières dans toutes les masses. Tels sont les moyens employés ici pour hâter les progrès de la civilisation , et détruire insensiblement cette multitude de préjugés qui rend si difficiles nos relations avec les indigènes. Pour s'assurer encore mieux de l'affection des chefs, notre métropole , sur la demande d'Hermès , les autorise à se démettre de leurs fonctions en faveur de leurs fils, pourvu que ces derniers se soient soumis aux obligations que leur impose la loi relativement à leur instruction ; car tout emploi étant donné au concours , ce n'est qu'à mérite égal qu'ils obtiennent la préférence sur leurs concurrens. Les candidats sont présentés par les notables de leurs tribus ; et l'ordonnance de nomination spécifie formellement les services rendus, les œuvres méritoires qui peuvent y donner droit. Cette obligation suffit pour éteindre toutes les ambitions sans droit. Quant au fils du sous-gouverneur,

6

il ne succède aux fonctions de son père qu'après des études faites dans un des colléges de la métropole, et dans ce cas il est encore tenu de concourir avec ceux de ses camarades que les parens y auraient envoyés. Que résulte-t-il de pareilles obligations ? que les chefs étant de bonne heure imbus de nos principes d'éducation, et familiarisés avec nos mœurs et nos usages, obtiennent bien plus par la persuasion et le pouvoir de l'exemple, que nous, par la rigueur des châtimens. Aussi, investis, comme ils sont, de la confiance des tribus qui les ont choisis, quels changemens n'ont-ils pas déjà opérés dans les mœurs de leur nation ?

« Maintenant, vous demanderai-je, la liberté de la presse établie parmi eux, ne faciliterait-elle pas aussi la propagation des lumières? — Sans doute; si les moyens qui sont bons chez une nation civilisée devaient être les mêmes chez une nation à peine sortie de l'esclavage, où tout régime mal approprié peut avoir des conséquences funestes : car point de stabilité réelle à espérer dans les institutions données aux peuples encore encroûtés d'ignorance et de barbarie, si les premiers élémens qui ont servi à la composition de ces institutions, n'ont pas été préparés de manière à donner une impulsion progressive (*a*).

« Au reste le plus grand service que la mé-

(*a*) « Il faut, a dit un orateur, commencer à la construction de l'édifice social, en établissant un ordre de choses préparatoire dans lequel la capacité et la moralité de chacun soient mises à l'épreuve et puissent être développées à pouvoir être utiles au pays. »Au reste, on peut dire de la presse ce qu'Ésope disait à Xantus du plat de langues qu'il lui servait ; c'est la meilleure, ou la pire de toutes les choses. Celui qui ne s'en sert que pour policer sa nation, éclairer son gouvernement, relever ses erreurs sans haine, sans aigreur, sans animosité, inspirer à ses concitoyens le goût de l'ordre et de la subordination, celui-là n'est plus un homme, c'est un génie bienfaisant auquel il faudrait ériger des statues ; car le bien qu'il fait à l'humanité est d'un dieu, non d'un homme.

6.

tropole puisse nous rendre sous ce rapport, c'est de recevoir, et de faire instruire à ses frais dans ses écoles, des sujets choisis dans les différentes tribus pour devenir maîtres ou sujets propres à l'administration de leurs tribus : car c'est eux qui devront être chargés dans les écoles gratuites répandues dans cette contrée de l'instruction de leurs propres concitoyens. L'essentiel est qu'ils y entrent à cet âge où l'esprit, n'étant imbu d'aucuns préjugés, reçoit aisément toutes les impressions qu'on veut lui faire prendre. Aussi, tous les efforts d'Hermès tendent-ils sans cesse à donner une nouvelle direction aux idées de la jeunesse de ce pays. A cet effet leurs parens sont tenus d'envoyer leurs enfans aux écoles publiques, pour y acquérir des connaissances d'une utilité réelle et indispensable. C'est à la bonne organisation de ces écoles que nous devrons un jour nos plus grands succès (9).

Cependant Hermès nous rejoignit, et nous

apprit qu'un des sous-gouverneurs de la contrée l'avait instruit de plusieurs révoltes survenues parmi les peuplades soumises à son gouvernement. « Il n'est rien que je ne fasse, me dit-il, pour adoucir les mœurs de ces sauvages ; mais je n'ai obtenu encore que de faibles résultats. Plusieurs de ces peuplades resteront long-temps dans cet état de barbarie, parce qu'étant séparées les unes des autres par des déserts inhabitables, toutes communications suivies deviennent impraticables. Par cela même, elles vivent isolément, et restent sans industrie (a). La vie errante est la seule qui soit de leur goût; le brigandage et la piraterie sont leur unique occupation : aussi l'agriculture y est-elle entièrement négligée ou ignorée. — S'il en est ainsi, quels obstacles n'avez-vous pas éprouvés pour jeter quelque

---

(a) Voyez MONTESQUIEU, *Esp. des Lois*.

ombre de civilisation parmi elles?—Le temps
est un grand maître; où n'arrive-t-on pas avec
de la persévérance et de l'opiniâtreté ? Je
me suis principalement appliqué à connaître
l'esprit général de ces nations sauvages, afin
de ne point trop contrarier leur génie naturel (*a*). Toutefois je vous dirai que notre
dessein n'est pas de les civiliser toutes, dès-
à-présent : il est des peuples qui, par leur
position sur le globe, sont faits pour rester,
sinon tout-à-fait sauvages (*b*), du moins fort

(*a*) Les mœurs et les manières étant des institutions
de la nation en général, on ne peut les changer que par
des mœurs et d'autres manières, et non par des lois : les
exemples en cela font beaucoup plus que les châtimens
les plus rigoureux. Les lois sont établies, les mœurs
sont inspirées. (MONTESQUIEU, *Esp. des Lois.*)

(*b*) Rousseau va plus loin, et prétend qu'il est des
peuples faits pour rester à jamais sauvages (*Contrat social*). Mais nos moyens de communication deviennent de
jour en jour si faciles, que nécessairement la thèse doit
changer.

arriérés sous ce rapport. Je n'entreprendrai pas non plus de détruire le despotisme chez ceux de mes voisins où il existe encore, parce que ce serait donner lieu à des révolutions interminables. Mieux vaudrait cent fois leur faire une guerre d'extermination, ou leur abandonner notre conquête. Mais le parti le plus sage est de les traiter avec douceur et justice. Laissons-les se gouverner à leur gré; le temps, les circonstances, et la prospérité future de cette colonie décideront de notre conduite ultérieure envers eux.

« Ainsi mon dessein, je vous le répète, est de changer les mœurs des seules peuplades avec lesquelles nous avons des relations habituelles, et qui, de toute nécessité, sont destinées à vivre en bonne intelligence avec nous. Mais comme elles sont encore gouvernées par des préjugés qui ne changent qu'avec le temps, je ne me flatte pas d'arriver si tôt à mon but. Tout peuple sauvage et accoutumé à plier sous le joug, ne doit pas tout-à-coup passer du despotisme le plus rigoureux aux bienfaits d'un gouvernement libre ; c'est aux chefs investis de sa confiance à les amener peu à peu à cet état de bien-être qu'ils n'ont jamais éprouvé. Il nous importe donc de captiver la bienveillance de ces chefs : car si nous savons nous faire un ami d'un ennemi dangereux, il n'est pas douteux, qu'au lieu de chercher à nous nuire, il ne nous consacre ses talens et, au besoin, son courage.

« En un mot, c'est en flattant leurs préjugés et tout ce qui constitue l'opinion publique, que j'espère me les attacher. Le despotisme lui-même, tout arbitraire qu'il est, se voit forcé de la respecter. Ces peuples sont étrangers à notre religion, à nos mœurs, à nos usages ; accueillons-les tels qu'ils sont. Toute insolence exercée contre eux perdrait tout. Au contraire, gagnons-les par de bons procédés, et nous verrons de jour en jour nos relations commerciales se multiplier, la confiance s'établir de part et d'autre, la prospérité s'accroître; et enfin ce pays, qu'a dépeuplé le despotisme pour y régner avec plus de sécurité (*a*), reprendra à vue d'œil une nouvelle vie, tout en se couvrant d'une population laborieuse : car les peuples se multiplient facilement sous les gouvernemens qui les rendent heureux.— Je vous comprends; vous les avez envisagés plutôt comme des citoyens acquis pour l'état, que comme des sujets qui, par droit de conquête, dussent gémir sous votre domination. Ce pays s'est rendu à discrétion, et vous voulez observer généreusement, à son

---

(*a*) *Ubi solitudinem faciunt pacem appellant.* « Plus le même nombre d'habitans occupe de surface dans un pays, plus les révoltes deviennent difficiles, parce qu'on ne peut se concerter promptement ni secrètement, et qu'il est alors toujours facile au despote d'éventer les projets, et de couper les communications. » (ROUSSEAU, *Contrat social.*)

égard, tout ce que signifie ce mot dans son acception la plus circonscrite (*a*). Votre principal but a été de leur ôter toute occasion de révolte sans ruiner la contrée, et vous y êtes parvenu, soit en confondant leurs intérêts avec les vôtres, soit en les faisant jouir de tous vos priviléges, soit en ne formant qu'une seule et même nation. — Vous l'avez dit, ces peuplades sauvages n'étant jalouses que de leur indépendance, n'ayant d'autre ambition que de se gouverner par leurs lois et par leurs usages, j'ai dû les faire respecter des nôtres (*b*);

(*a*) Ce mot, lors de la reddition de Carthage, fut au contraire pris par le sénat romain dans son acception la plus étendue, signifiant livrer tout absolument. En conséquence, on fit sortir tous les habitans de la ville après avoir usé de supercherie pour s'emparer de leurs armes, et Carthage fut rasée. Alger s'est rendu à discrétion, mais le gouvernement français a été plus généreux à son égard.

(*b*) « Réprimons autant que possible notre insolence à l'égard des femmes, dit Montesquieu, car elle nous a fait chasser deux fois de l'Italie. »

j'ai dû punir sévèrement ceux d'entre nous qui les auraient violés, ou qui auraient manqué à la loyauté ou à la justice qu'ils doivent apporter dans leurs relations avec eux. La moindre idée de domination révolte un peuple encore sauvage (*a*).

« Jusqu'à présent, tout en m'autorisant du droit de conquête, j'ai su faire respecter ceux de propriété : aussi, n'a-t-on dépossédé arbitrairement aucun habitant autre que ceux expulsés pour des motifs d'intérêts généraux et politiques. Je ne me suis donc pas hâté d'appesantir mon joug ni sur les uns ni sur les autres, attendant patiemment qu'ils soient accoutumés à obéir, comme alliés, avant que de le faire comme sujets (*b*). J'ai fait plus;

(*a*) C'est ainsi que les Français, dans leurs premiers voyages aux Indes, s'étant signalés par un esprit de domination qui porta ombrage aux habitans, virent bientôt leur établissement ruiné de fond en comble.

(*b*) C'est par cette manière lente de gouverner que les Romains assurèrent leurs conquêtes.

j'ai respecté jusqu'aux monumens de leur gloire (*a*), de leur vanité et de leur superstition, étant parti de ce principe que l'objet d'une conquête était sa conservation.—Ainsi, vous laissez subsister leur religion si différente de la vôtre (*b*), et tous les préjugés qu'elle maintient parmi eux. — Assurément, car il est périlleux d'attaquer des abus qu'ont enracinés de vieilles opinions : le remède qu'on y apporterait serait pire que le mal (*c*).

« J'ai vu ces nations consacrer les pratiques

(*a*) Comme Gélon avec les Carthaginois, et Alexandre avec les Bactriens; STRABON, liv. 2; QUINTE-CURCE.

(*b*) C'est ainsi que Romulus, en fondant sa colonie en Italie, laissa le culte tel qu'il l'avait trouvé; ce qu'on peut du moins supposer, d'après le peu d'uniformité qu'on remarque dans la religion de ces premiers temps de Rome.

(*c*) « En général, les nations sont toujours constantes dans leurs préjugés, dit Condillac. L'enchaînement des circonstances où elles se trouvent en est seule cause. Les circonstances changent-elles subitement, leurs maximes changent bientôt avec elles. »

les plus absurdes et les plus barbares (10); j'ai feint de les respecter; mais mon premier soin a été de gagner l'esprit de leurs prêtres pour les abolir le plus tôt possible, abandonnant au temps et aux circonstances le soin de détruire celles que je croyais moins nuisibles à l'établissement de ma colonie. — Mais, vous demanderai-je maintenant, que sont devenus leurs prêtres? les avez-vous anéantis ou conservés? — J'ai ménagé leurs prérogatives; je leur ai fait entendre qu'on respecterait leur culte; ensuite, les fréquentes relations qu'ils ont eues avec nos ecclésiastiques, ont adouci peu à peu leurs mœurs, et jeté quelque confiance dans leur esprit ombrageux. Aujourd'hui, devenus moins fanatiques et plus faciles à manier, je les emploie de concert avec les nôtres (11) pour seconder mes efforts. C'est par la superstition qu'ils maîtrisent l'esprit de leurs concitoyens, et c'est en tournant

cette superstition au profit de la civilisation,
que j'espère détruire peu à peu ce qu'ils ont
encore de sauvage et de féroce dans leurs
mœurs et leurs usages. Déjà, la plupart d'entre eux ont embrassé notre religion. Depuis ce
moment, leurs relations avec nous sont deve-
nues d'autant plus étroites et plus amicales,
qu'ils ont plus à craindre des tribus sauvages
dont ils se sont séparés. Enfin, le commerce,
l'agriculture, la navigation, multipliant leurs
relations avec nous, nous les voyons insensiblement se dégoûter de cette vie errante qui
les éloignait de l'agriculture, pour adopter
nos goûts et nos usages. Je ne m'étonnerais
pas que bientôt ils se fissent un besoin de
certaines productions dont l'usage n'appartient qu'aux peuples habitués à un genre de
vie recherchée. »

Sur ces entrefaites arriva un exprès chargé
de prévenir Hermès qu'il était attendu au

conseil de la colonie, pour assister à une délibération que lui-même avait provoquée; je
saisis cette occasion pour prendre congé de
lui, et m'acheminer vers mon habitation.

FIN DE LA DEUXIÈME JOURNÉE.

NOTES

DE

LA DEUXIÈME JOURNÉE.

------

(1) Milet fut autrefois si florissante, qu'elle avait envoyé plus de soixante-dix colonies sur toutes les parties du globe, profitant de la grande liberté dont elle jouissait sur les mers pour chercher au loin des débouchés à la population dont elle était surchargée.

(2) C'est ainsi que les colonies égyptiennes, en fondant les royaumes d'Athènes et d'Argos, portèrent dans la Grèce leurs lois, leurs coutumes, leur religion et leur goût pour les arts. En général, toutes les colonies anciennes avaient le soin de conserver les mœurs de leur patrie ; les fêtes religieuses y étaient partout les mêmes : d'où vient que Platon les appelle homophones et homonomes avec

leur métropole, c'est-à-dire parlant le même langage et gouvernés par les mêmes lois. Plus le pays qu'elles occupaient était éloigné et barbare, plus elles s'appliquaient à conserver les mœurs qui leur étaient propres. Alexandre également laissa très souvent aux peuples qu'il avait vaincus les mêmes lois, les mêmes chefs qu'il y avait trouvés. C'est ainsi qu'il eut l'adresse de s'attacher les souverains de Thrace, et particulièrement ceux que leurs richesses ou leur orgueil rendaient plus dangereux. Par là il prévint beaucoup de factions et de révoltes, étant bien sûr que ces peuples n'entreprendraient rien sans le consentement de leurs chefs. C'est ainsi qu'après la reddition d'Alger, il fut sagement arrêté que les tribunaux maures et juifs seraient conservés, et que la justice continuerait à être administrée d'une manière conforme aux croyances, aux mœurs, aux usages, aux coutumes et aux besoins du pays. Les Arabes comparaissaient toujours devant le cadi maure.

Les douanes et l'octroi de la ville furent rétablis sur le même pied.

(3) C'est ainsi que, sous les Romains, la ville de Tyr parvint à se rétablir des longues révolutions

qui l'avaient entièrement ruinée. Quand les conquêtes ne s'appuient que sur les forces militaires, elles s'écroulent aussitôt que celles-ci viennent à leur manquer ; témoin l'empire ottoman qui ne dut sa puissance qu'à cet esprit de conquête, et qui ne fut plus qu'une ombre, malgré son immense étendue, dès que cet esprit se perdit. Si celui de conservation lui eût succédé, il est probable qu'il se fût soutenu au milieu des autres puissances.

(4) L'esprit de désœuvrement avait été une des causes de l'agrandissement de la république romaine ; il devait être aussi une des causes de sa décadence. Dans le principe, tout citoyen était soldat, et la nation fut guerroyante, parce que la guerre était la seule occupation qui fût de son goût. Par la suite, ce goût s'affaiblit, mais le peuple, peu adonné au commerce, n'en était pas moins inoccupé. Aussi ne vit-on plus à Rome qu'une populace effrénée, que la prospérité de l'état rendait de plus en plus insolente : trop fière pour vivre aux dépens de l'état, elle exigeait un partage de terres auxquelles les riches ne voulaient pas acquiescer.

(5) L'Égypte a toujours été si fertile, que, sous Ptolémée, elle renfermait, dans un espace assez cir-

conscrit, dix-huit à vingt mille villes, y compris les villages remarquables. Ce même souverain avait sous sa domination 33,339 villes. (THÉOCRITE, idyl. 17.) Il est vrai que sa domination s'étendait non seulement sur l'Égypte, mais encore sur une infinité d'autres contrées de l'Asie.

Au rapport d'Hérodote, les Egyptiens entretenaient 410,000 hommes sur pied en temps de paix, tous originaires du pays, ce qui est une armée considérable pour un pays de fort peu d'étendue.

(6) Romulus, après avoir procédé avec justice au partage des terres, et donné à chaque famille la quantité la plus stricte pour vivre, régla ensuite l'ordre de succession de manière à maintenir une médiocrité favorable au bonheur de son petit état.

Les Grecs et les Romains partageaient également les biens paternels entre tous les enfans, sans distinction de primogéniture. Notre Code a de même aboli le droit d'aînesse, droit injuste et nuisible à la population.

(7) Romulus fut le premier qui établit ce mode de gouvernement, dont le principal but était de ne pas laisser la ville sans maître dans l'absence de ses

rois. Auguste, à son exemple, établit Mécène gouverneur de Rome et d'Italie pendant la guerre ci-
vile; et, lorsqu'il eut assuré sa domination, il donna
le gouvernement de Rome à un personnage consu-
laire pour aviser sur-le-champ aux moyens de ré-
pression en cas d'émeutes et de séditions.

Alexandre ne jugea pas à propos de donner le
gouvernement de l'Égypte à une seule personne;
il y envoya plusieurs gouverneurs pour contreba-
lancer leur autorité. Ce fut d'après lui, et dans le
même but, qu'Auguste en régla le gouvernement;
tant la possession de l'Égypte paraissait importante
aux Romains, quoique les Égyptiens y fussent mé-
prisés pour leur superstition, leur légèreté et leur
lâcheté extrême !

(8) S'il y avait assez de troupes réglées à Alger
pour la défense de son territoire, il conviendrait,
sous tous les rapports, d'investir un colonel ou un
maréchal-de-camp des fonctions de sous-gouverneur, attendu que ces fonctionnaires offriraient
au gouverneur une plus grande garantie, soit sous
le rapport de la capacité militaire, soit sous celui
des vues administratives; mais comme ils n'y seraient pas en sûreté tant qu'ils n'auront pas à
leur disposition un nombre suffisant de troupes

pour se faire respecter de ces peuples barbares, il est encore mieux de leur laisser les chefs auxquels ils sont accoutumés. Ainsi, les fonctions de sous-gouverneur pourraient être dévolues provisoirement aux beys qu'on y reconnaît encore.

(9) Je n'entrerai dans aucuns détails sur l'organisation de ces écoles qu'on pourrait établir à Alger à l'instar de celles que nous avons en France. J'observerai seulement, quant aux écoles industrielles, qu'elles doivent offrir tout ce qui est nécessaire au développement de l'industrie, et qu'en outre les maîtres y doivent approprier, comme on l'a déjà remarqué, tous les genres d'instruction aux genres d'industrie des villes où elles sont établies : car si le travail manuel y est négligé et la pratique insuffisante, il en résultera qu'on n'aura que des théoriciens au lieu de bons contre-maîtres.

De tout temps on a senti l'utilité des écoles industrielles. Il en existait déjà pour l'horlogerie sous Charles V. Son directeur était un certain Henri de Vic, celui-là même auquel on est redevable en France de la première horloge placée sur la tour du Palais-de-Justice.

Quant aux écoles consacrées au développement des facultés intellectuelles et morales, je crois qu'à

l'égard de celles établies à Alger pour la propagation des lumières, on ne saurait trop surveiller le
genre d'ouvrage destiné à l'instruction de la jeunesse
indigène. Quelques maximes de conduite, quelques
principes élémentaires de morale ou de l'ordre social, enfin un petit nombre de pensées détachées,
telles que celles que l'illustre Franklin et quelques
autres auteurs connus nous ont laissées, voilà ce
qui me semble le plus convenable; et à ce propos je
citerai, comme modèle, un petit ouvrage intitulé,
Almanach populaire, qu'un de nos bons administra-
teurs, M. de Briche, aussi recommandable par la
pureté de ses intentions que par sa vaste érudition,
a pris soin de rédiger dans la seule vue d'être utile
à la jeunesse de son département. Au reste, les écoles dont il est ici question auront pour principal
but, comme je l'ai déjà dit, de familiariser l'élève
avec toutes les connaissances usuelles qui peuvent
servir au développement de ses facultés physiques
et intellectuelles.

Il sera essentiel de propager aussi la méthode de
l'enseignement mutuel le plus que possible. Les
indigènes qui aspireront à devenir maîtres dans
cet enseignement, devraient, ce me semble, être

admis aux écoles centrales et normales établies dans la métropole.

(10) A propos de superstition, je crois devoir rapporter ici une observation du *Constitutionnel* (22 octobre 1831), à l'égard d'une mosquée démolie dans l'intérieur d'Alger. «On ne saurait se faire une idée, dit-il, du mauvais effet qu'a produit sur la population maure la démolition d'une mosquée ordonnée par autorité supérieure. Sans doute, l'intention était d'assainir une partie de la ville ; mais ce n'est que peu à peu qu'on peut éclairer les hommes aveuglés par des préjugés anciens sur leurs véritables intérêts, et le premier moyen pour y arriver est de respecter leur idée religieuse. »

On peut encore se faire une idée de la superstition de ces peuples par ce qui est arrivé en Égypte, au sujet d'une maladie qui avait quelques rapports avec le choléra-morbus. Le fait rapporté est arrivé le 16 juillet 1831 à Alexandrie. Le chef du régiment qui est en garnison à la Mecque défendit l'usage du tambour et d'autres instrumens de musique militaire, sous prétexte que ces instrumens, inventés par les infidèles, avaient depuis long-temps troublé les saints lieux et profané la maison de Dieu, qui, dans sa colère, avait envoyé non pas la peste, afin de ne pas violer la promesse donnée par l'intermédiaire du prophète, mais une maladie non moins mortelle.

(11) On ne peut douter que de vénérables ecclésiastiques ne rendissent d'importans services en Afrique en y répandant les lumières de la foi. Au surplus, je n'envisage ici leur mission que sous des rapports purement politiques. Nous sommes pour les indigènes des objets de haine et de mépris, aversion qui n'est due qu'aux préjugés que maintient la religion mahométane : or, n'est-il pas évident que les prosélytes que feraient nos missionnaires seraient autant de sujets acquis pour la colonie? C'est surtout en s'emparant de l'esprit de leurs prêtres qu'on obtiendrait le plus de résultats à cet égard ; car la superstition est le premier mobile chez des peuples plongés dans les ténèbres de la barbarie. Aussi, dans toutes les révoltes mentionnées par nos journaux au sujet d'Alger, avons-nous toujours vu leurs prêtres employer les armes du fanatisme pour ameuter les tribus contre nous. Toutefois, je sais qu'il ne faut pas toujours ajouter foi à de pareilles conversions : témoin les Caraïbes, dont les mis-

sionnaires ne sont jamais venus à bout. « Tel est leur mauvais naturel, dit le père Labbat, et leur indifférence pour toutes choses, que tout ce qu'ont fait les missionnaires pendant trente ans pour les attacher à la religion chrétienne, a été inutile. »

TROISIÈME JOURNÉE.

SOMMAIRE.

Maisons de détention. — Galériens, mendians, enfans trouvés, envoyés aux colonies. — Encouragemens donnés au mariage. — Équilibre à maintenir entre le commerce et l'agriculture. — Principes généraux à ce sujet. — Culture des arbres et des plantes les plus essentielles à la prospérité d'une colonie, envisagée sous des rapports d'économie politique. — Des vers à soie.

Je me préparais à rejoindre Hermès pour exécuter le projet que j'avais formé la veille avec lui, lorsque j'entendis un bruit confus de voix, des acclamations bruyantes, qui semblaient annoncer un grand concours de monde. Je me hâtai de sortir pour satisfaire ma curiosité, quand Hermès, qui se dirigeait vers son habitation, m'aperçut, et vint au devant de moi. « Je vous rencontre fort à propos, me dit-il, car je me disposais à une longue promenade ; si vous n'avez rien de mieux à faire, nous visiterons la ville et ses environs. Cette affluence de monde que vous voyez, n'est autre chose qu'une fête donnée à l'occasion des nouveaux citoyens qui sont venus s'établir dans la colonie. C'est un jour qui fait époque, et leur agrégation se fait avec une certaine solennité. Nos magistrats les inscrivent sur la présentation d'un diplôme (1) qui leur a été délivré par la métropole, et sur lequel est constaté son consentement : car il n'est permis à aucun citoyen de quitter la mère-patrie pour venir s'établir dans cette colonie, s'il n'est muni d'une autorisation préalable ; autrement l'état courrait le risque de se dépeupler rapidement. D'ailleurs la métropole veut constater par un acte authentique, qu'en se séparant d'une partie de ses citoyens, elle ne consent point

à les perdre sans retour : au contraire elle en-
tend toujours les garder dans sa dépendance
et entretenir avec eux une correspondance
intime : elle a donc grand soin de conserver
les traces de leur origine. »

Hermès parlait encore quand nous vîmes
passer au sein de la ville plusieurs trophées
pris récemment sur l'ennemi. « Voilà de riches dépouilles, me dit-il, que nous envoyons
à notre métropole, pour servir d'ornemens à
ses temples; car nous ne manquons aucune
occasion de lui témoigner notre reconnaissance (2). »

Nous aperçûmes en même temps une galère remplie de forçats employés comme rameurs, et qu'un homme de couleur traitait
assez rudement. — « Voilà un spectacle affligeant, dis-je à Hermès; ces malheureux vous
sont-ils envoyés par votre métropole? —
Sans doute, nous les employons ici à l'entretien de nos ports, et à tous ces travaux

pénibles et rebutans, dont les villes en
général exigent l'exécution pour le maintien de la salubrité publique. S'il en est
parmi eux qui aient quelque industrie, elle
sert à améliorer leur sort tout en s'exerçant
au profit de la colonie. C'est ainsi que notre métropole se purge de cette écume de la
société, de ce ramassis de misérables dont
le spectacle affligeant révolte l'humanité. Une
fois déportés sur ces plages lointaines pour y
être utilisés au lieu de croupir dans l'oisiveté,
c'est par le travail que s'expient leurs désordres passés. Du reste, leur entretien coûte
peu à l'état. Une partie d'entre eux est employée à la culture des terres consacrées
à leur subsistance physique; une autre,
aux arts industriels par qui doivent être
utilisées les productions brutes du sol; vous
verrez parmi eux des laboureurs, des bou-
langers, des charpentiers, etc. Les femmes
détenues dans nos maisons d'arrêt s'occu-

pent à filer le coton, la laine, le chanvre, employés à la confection des vêtemens qu'on leur distribue ; l'excédant du produit se vend au profit de l'état pour couvrir d'autres dépenses. De cette façon, la métropole se débarrasse sur nous de tous les frais d'entretien qu'elle serait obligée de supporter. Quant aux établissemens destinés à cet objet, vous les verrez tous construits dans un rayon fort éloigné de la ville : car cette classe tarée doit faire scission avec toutes les autres. »

Cependant la galère était entrée dans le port ; je vis débarquer une multitude de gens assez mal vêtus, appartenant à cette classe de prolétaires qui, n'ayant aucune garantie à donner à l'état, est toujours de toutes les émeutes, de toutes les révoltes, sitôt qu'elle manque de travail pour subsister (3). « La métropole, me dit alors Hermès, favorise chez nous l'écoulement de cette foule de mendians qu'on voit croupir dans l'oisiveté au sein des grandes

villes ; on les utilise ici selon le genre d'industrie auquel ils sont propres : car le moindre
travail est toujours utile à tous. Les terres
éloignées leur sont distribuées de préférence ;
ils les cultivent à leur compte ; et cet abandon gratuit en les attachant au sol, leur
donne cet esprit de propriété qui porte tous les
hommes en général à cultiver la terre. C'est
ainsi qu'il faut traiter les citoyens pauvres.
La société leur doit du pain, il est vrai, mais
ceux-ci en retour lui doivent le travail de
leurs bras. Toutefois gardez-vous d'entretenir
leur paresse aux dépens de l'état; car si vous
les accoutumez à des distributions gratuites,
ils ne travailleront plus; il n'est pas jusqu'à
la classe agricole même, qui, désertant la campagne, ne vienne à son tour réclamer la faveur de vivre sans rien faire. »

Tandis qu'Hermès parlait ainsi, une troupe
d'enfans débarqua sur le rivage, vêtus uni-
formément, et à peu près du même âge. « Ces

enfans que vous examinez, me dit alors Hermès, nous viennent d'un établissement consacré à cette classe d'infortunés connus sous la dénomination d'enfans trouvés. La métropole s'en réserve le soin pendant les dix premières années ; cet âge une fois révolu, elle nous les envoie pour terminer leur éducation. Les uns se destinent à la marine, les autres servent dans nos troupes de terre ; ceux-ci se livrent aux arts industriels, et contribuent à la prospérité de nos manufactures ; ceux-là s'adonnent à la vie agricole ; de telle sorte que, riches de leurs propres moyens, ils peuvent toujours, à l'aide d'une vie laborieuse, pourvoir à leur subsistance physique, tout en s'acquittant envers la société de la dette qu'elle réclame de chacun de ses membres. »

Cependant Hermès me proposa de me conduire à la vaste pépinière dont il m'avait parlé, et qu'il avait placée sous la direction d'un agronome des plus distingués de la métropole : car il tenait essentiellement à n'employer que des gens d'une capacité éprouvée, sourd à toute recommandation , à toute considération autre que celle motivée sur l'intérêt général.

Déjà nous nous dirigions sur l'une des extrémités de la ville, quand au même instant je vis affluer sur un même point un grand nombre de curieux qui se pressaient les uns contre les autres ; je hâtai le pas en m'avançant au sein de cette foule nombreuse ; c'était de jeunes couples tout récemment engagés dans les liens du mariage , et recevant publiquement de l'état les premières avances nécessaires pour soutenir les charges de leur nouvel état, avances qui consistaient en terres, en bestiaux, en instrumens aratoires de toute espèce, à la charge de les représenter après un certain laps de temps présumé suffisant.—«Voilà une brillante jeunesse, dis-je à Hermès, et vous la voyez sans doute avec intérêt dans votre colonie, car elle doit en être un jour l'espoir et le plus ferme soutien. — Assurément, reprit-il, il n'est pas d'encoura gement que je ne donne au mariage : car un grand peuple est toujours la première richesse d'un état ; j'accorde même des privilèges et des honneurs aux gens mariés; et telle est l'opinion de cette colonie, opinion due à la force de l'exemple plutôt qu'à la rigueur du châtiment, que personne n'oserait y vieillir dans le célibat. Je tiens que la protection accordée aux orphelins, au mariage, aux enfans trouvés, les secours distribués à propos aux citoyens pauvres et surchargés de famille, contribuent bien plus que les conquêtes à la prospérité d'un état : c'est opposer à ses futurs ennemis un boulevard indestructible. Du reste, pour confondre, amalgamer tant d'intérêts divers sans cesse aux prises les uns avec les autres, je ne cesse d'encourager le mariage parmi les indigènes avec ceux de ma nation.

8.

Je fais plus; j'ai trouvé le secret de faire assurer le sort des veuves et des enfans sans qu'il en coutât rien à l'état (5). »

J'interrompis Hermès pour admirer les fraîches et riantes campagnes qui semblaient au loin couronner la ville de fleurs et de verdure. « Ce n'est pas sans de grands efforts, me dit-il, que je suis parvenu à déraciner parmi nos colons vieillis pour la plupart au sein des grandes villes, certains préjugés qui les éloignaient de la vie agricole. Quand une fois les hommes ont perdu le goût de la simplicité, l'agriculture n'est plus à leurs yeux qu'un art méprisable et digne des plus basses classes de la société. Que n'ai-je fait encore pour amener ces peuplades barbares de l'état de brigandage à une vie sédentaire, uniforme et laborieuse? Avec les uns j'ai fait jouer tous les ressorts de la politique; avec les autres j'ai employé tout l'ascendant de la religion (6). C'est que, sans agriculture, il ne peut exister que des hordes

de sauvages ; c'est elle qui, en quelque sorte,
est la base de tout état policé. Heureusement
j'ai triomphé de cette odieuse prévention. Et
tel est maintenant l'engouement qui règne dans
cette colonie pour le premier de tous les arts,
qu'il n'est pas de propriétaire ni même de commerçant (a) qui ne donne à la multitude l'exemple de s'y livrer. Aussi vous ne verrez nulle
part de meilleurs agricoles que dans cette
fertile contrée. Tant les talens ont besoin
d'encouragemens pour éclore et se déve-
lopper !

«Après l'agriculture marche immédiatement
le commerce, lui qui, dans son active industrie, sait donner de la valeur aux productions
de la terre, en leur cherchant partout des dé-

(a) Les anciens avaient de même une police très convenable à la population. Tout en se livrant au commerce,
ils s'adonnaient à l'agriculture, ils commerçaient avec
les nations les plus rapprochées d'eux, mais ils s'occupaient essentiellement d'agriculture.

bouchés? En effet, que deviendraient-elles sans consommateurs? Mais l'agriculture et le commerce ont ensemble de si étroites liaisons, qu'ils finiraient bientôt par s'entredétruire s'ils n'étaient maintenus dans un juste équilibre. L'objet du commerce est de répandre l'abondance dans toutes les classes de la société en occupant le plus d'individus qu'il est possible, et de cette prospérité individuelle naissent ces forces imposantes sur lesquelles doit s'appuyer tout grand corps politique. Mais le commerce à son tour ne peut exister sans les produits de la terre et de l'industrie. Si, dès le principe, on m'a vu dans ce pays sauvage et inculte, accorder une protection toute spéciale à l'agriculture, c'est qu'alors j'avais en vue de donner à notre commerce toute l'extension dont il est susceptible, et je ne pouvais y parvenir qu'en favorisant d'abord l'agriculture, attendu que la prospérité du commerce dépend essentiellement de l'industrie agricole.

Mais toutes raisons de préférence ayant cessé, j'ai dû rétablir l'équilibre entre eux. C'est ce qui m'a déterminé à modifier, par la suite, des lois spécialement faites en faveur de l'agriculture. »

En discourant de la sorte nous avancions à travers une campagne couverte des plus riches moissons. Voilà de belles espérances pour votre colonie, m'écriai-je! Certes, elle pourra long-temps braver les rigueurs de la famine! —« Vous avez raison ; car partout où l'agriculture prospère, les productions de la terre y sont abondantes et à bas prix. Aussi verrez-vous rarement dans les pays bien cultivés le peuple des campagnes chercher sa vie ailleurs, et quitter la charrue pour se faire artisan dans les villes. Les champs y sont toujours bien peuplés ; les hommes robustes et naturellement éloignés de tout ce qui peut amollir. Au contraire, l'agriculture y est-elle négligée, tout s'en ressent, les bras restent oisifs, le découragement se glisse

dans les dernières classes de la société, et la
faim, mauvaise conseillère, vient jusqu'au sein
de la capitale provoquer des émeutes que la
force même ne peut plus réprimer. C'est une
hydre acharnée qu'il faut avoir sans cesse à
combattre : car le trouble, le désordre,
sont l'unique ressource d'un peuple qui
meurt de faim. — Mais quand il y a trop
grande abondance de grains, je vous le demande, l'agriculteur alors, réclamant en vain
ses frais de culture, n'a-t-il pas à se plaindre du vil prix où tombent ses denrées?
— Vaines appréhensions! n'avons-nous pas
ici pour voisins des peuples maritimes qui,
surchargés de prolétaires, trouveront fort commode d'importer chez eux notre superflu, d'autant mieux que le transport sera facile et peu
coûteux. Favorisons plutôt une telle abondance; car il est certain que dans une famine
générale cette contrée, par exemple, conservant sa fécondité ordinaire, pourrait,

en même temps, soulager et la disette de notre métropole et celle de l'étranger (*a*).

« Ainsi, je le répète encore, l'agriculture, comme la première source de toute prospérité publique, ne saurait trop recevoir d'encouragemens; car défricher de nouvelles terres, c'est conquérir de nouveaux pays (*b*). Je tiens même que des primes établies en sa faveur produiraient d'heureux effets; l'état trouverait

---

(*a*) Alger, située comme l'était Carthage, sur les côtes maritimes de l'Afrique, et dans une contrée des plus fertiles, peut devenir un jour le grenier de la France, comme l'Égypte l'était de Rome. On sait que cette riche contrée fournissait aux besoins de cinq millions d'hommes.

(*b*) « Le législateur qui peuplerait les landes de Bordeaux, a dit quelqu'un, rendrait plus de service à l'état que celui qui, par une guerre meurtrière, s'emparerait de la même quantité de terrain. » Ce qui m'étonne, quant à moi, c'est d'entendre sans cesse nos classes ouvrières se plaindre qu'elles manquent de travail, quand la treizième partie de la France, qui n'a jamais été mise en culture, réclame depuis si long-temps des bras pour la défricher.

mille moyens de s'indemniser. Au reste vous assisterez dans peu à la cérémonie d'ouvrir les terres (7) que j'ai fait revivre des anciens usages, et la pompe et la solennité que j'attache à cette fète vous prouveront mieux que tout ce que je vous dirai, jusqu'où tendent mes efforts (a) pour exciter une noble émulation parmi nos agriculteurs. »

En discourant de la sorte, nous entrâmes dans une vallée située au pied d'une chaîne de montagnes qui traversait le pays d'un bout à l'autre. Leurs sommets étaient couverts de mélèzes et de jeunes mûriers, dont l'ombrage déjà épais pouvait nous abriter contre les feux dévorans de la canicule. Une habitation se présente aussitôt à mes yeux; elle était environnée d'arbres nains qui formaient une haie vive, et dont je reconnus les feuilles pour cel-

---

(a) Pour les cérémonies publiques, voyez , page 139, la note 1 de cette même journée.

les du mûrier blanc. J'admirais la belle végétation des arbres que j'y voyais cultivés. Nous suivions une allée de peupliers plantés au bord d'un ruisseau qui servait à l'irrigation de ce même verger. « C'est ici, me dit Hermès, que se trouve la pépinière dont je vous ai parlé. Ce sentier nous y conduira; il est ombragé d'orangers et de jasmins, et aboutit à une immense plaine de figuiers que nous avons encore à traverser. — En vérité, m'écriai-je, on se croirait transporté dans les jardins d'Armide. Vous avez sans doute confié cette habitation rurale à quelque habile agronome.— Je le tiens de la métropole, et je lui ai fait de si grands avantages qu'il a consenti à se fixer ici. C'est dans cette habitation rurale que nos colons et les indigènes viennent puiser des leçons d'agriculture, les uns pour leurs besoins particuliers, les autres pour les répandre parmi les habitans de leur nation. La pépinière que vous allez parcourir fournit à tous les be-

soins des habitans; les plants y sont de la meilleure espèce et cultivés avec soin.» Cependant
l'agronome vint à notre rencontre, et Hermès
lui expliqua brièvement le motif de notre visite. Virbius (c'était son nom) fit preuve d'une
extrême obligeance, et m'assura qu'il me don-
nerait toutes les instructions dont j'aurais besoin. Il se plaignit ensuite beaucoup de partis
arabes qui le harcelaient sans cesse et l'obli-
geaient à des mesures de précaution sévères et
assujétissantes. A peine achevait-il que des cavaliers accoururent à nous à toute bride, et
ayant reconnu Hermès, le prévinrent qu'un
parti ennemi s'était emparé des hauteurs, ré-
solu de nous prendre à l'improviste à la nuit
tombante. Hermès se fit donner un cheval,
prit congé de moi et piqua des deux.

J'étais resté seul avec Virbius qui, en me
promenant avec beaucoup de complaisance
dans sa ferme modèle, entra dans le plus grand
détail sur la culture des arbres et des plantes

les plus utiles à la prospérité de la colonie. Je l'écoutai avec attention. Comme j'admirais l'abondance et la beauté de ses fruits et de ses grains, attribuant cette perfection au climat voisin des tropiques : « C'est une erreur généralement répandue, me dit-il ; la chaleur du climat n'en est pas la seule cause ; il est beaucoup d'autres circonstances, dont le concours est favorable à cette perfection : par exemple, la pêche est originaire de la Perse ; n'êtes-vous pas surpris de la voir aussi bien prospérer en France, quoique le climat soit beaucoup moins chaud (*a*)? — Mais quelle plante cultivez-vous dans ce terrain exposé au midi, et pour laquelle vous sacrifiez tant de terrain ? — C'est une plante légumineuse connue sous le nom

---

(*a*) C'est ainsi que le figuier croît à cent milles au nord d'Édimbourg, en Écosse, et que le meilleur vin de France est celui qui vient en Bourgogne et en Champagne, quoique le climat y soit moins chaud qu'à Montpellier.

de lupin. De tous les légumes, c'est celui qui mérite de fixer le plus l'attention, parce qu'il demande peu de culture, coûte peu, et fournit un excellent engrais pour les terres maigres. Il a, par-dessus tous les autres, cet avantage, que de quelque manière qu'on le traite il réussit toujours bien (*a*). C'est l'engrais que j'emploie communément pour la culture de mes terres, et son fruit est l'aliment le plus nourrissant que je puisse donner à mes bestiaux(8).» Là dessus, Virbius me fit entrer dans un terrain ensemencé de lin. « Vous n'ignorez pas, me dit-il, que cette plante est par son produit une source de richesses pour la partie septentrionale de la France, de l'Italie et de la Hollande.

(*a*) Toutefois, cette plante ne se fortifie qu'avec les chaleurs modérées de l'automne. Elle réussit très bien dans les pays méridionaux, car elle craint autant l'humidité que la gelée. Au surplus, elle serait d'une grande utilité à Alger, où la terre, en général maigre et légère, a besoin d'engrais, le lupin rendrait double profit aux colons.

Ces belles toiles, ces magnifiques dentelles si recherchées dans les grandes villes, nous les devons à la filasse de cette plante; sa graine, dont nous tirons une huile propre à différens usages, est l'objet d'un commerce fort étendu dans la Hollande et dans plusieurs autres pays.» Je m'informai alors du climat le plus convenable à cette plante. «Quoiqu'elle réussisse à merveille dans les pays du nord, me dit-il, elle est pourtant originaire des pays méridionaux (9). De tout temps elle a été cultivée avec succès en Egypte, en Syrie et autres contrées du levant. En un mot, soit au midi, soit au nord, elle profite toujours bien lorsqu'elle est placée dans des circonstances convenables; toutefois elle demande des soins dans sa culture. »

Cependant j'apercevais l'immense pépinière (*a*) qui, seule, fournissait aux besoins de toute

______

(*a*) Henri **IV**, par les soins de Sully, introduisit en

la colonie. Elle était située dans une vaste plaine bien aérée, au pied de cette chaîne de montagnes qui nous bornait l'horizon. D'abord j'admirai une espèce d'arbre assez pareil au pin, qui, s'élançant sur les plus hauts sommets des montagnes, donnait, quoique jeune encore, un ombrage fort étendu. Je m'informai du nom de cet arbre. « C'est le mélèze, me répondit Virbius, le géant des arbres de l'Europe, qui, par son jet hardi, par la nature de son bois, semble avoir été destiné aux plus grands et aux plus importans services que l'homme puisse réclamer de la nature. Aussi contribue-t-il beaucoup à la prospérité de cette colonie (*a*); du reste, d'autant plus pré-

---

France la culture du mûrier; mais ce fut sous Colbert qu'un jardinier se chargea d'établir une pépinière de mûriers, et c'est de là que sont venus tous ceux que nous voyons répandus en France. De bons pépiniéristes rendraient de grands services à la colonie d'Alger.

(*a*) Le mélèze est excellent pour la charpente, la menuiserie, et les conduites d'eau; sa durée ne connaît

cieux, qu'il s'accommode de toutes les exposi-
tions et de toute espèce de terrains, pourvu
qu'ils ne soient point aquatiques. Toutefois,
il préfère l'exposition du nord, et se plaît
dans une terre très légère (10).

« Mais en voici un autre qui ne lui cède en
rien sous le rapport de l'utilité et de l'agré-
ment; c'est celui que vous voyez sur ces côteaux, ou planté en haie autour de cette pépinière, ou en taillis sur ces roches calcaires;
j'en possède encore des plants considérables
dans cette pépinière; c'est le mûrier blanc (11),
celui dont la feuille est l'aliment favori du
ver à soie et des bestiaux. S'il est vrai que la
prospérité d'un pays consiste principalement
dans les manufactures et le commerce, on ne
saurait trop multiplier cette espèce d'arbre,
d'autant mieux que s'accommodant assez mal

---

point de bornes, et sa force égale au moins celle du
chêne.

d'une terre végétale, il ne peut porter aucun préjudice au bled, ni au lin, ni au chanvre, à qui de pareils fonds sont ordinairement consacrés; c'est ce qui le rend si précieux aux yeux de nos économistes. Il se prête en outre à divers usages; sa filasse, comme le lin et le chanvre, donne une assez bonne toile et des cordages pour la marine; son écorce n'est pas moins utile, soit pour la préparation des cuirs, soit pour la manipulation du papier. Enfin, il joint à tant d'utilité des propriétés médicales qui ne sont pas sans importance. Le veut-on comme arbre d'ornement? facile à se ployer en berceaux, il est précieux par l'ombrage qu'il fournit et par sa feuille recherchée de tous les bestiaux. Sa culture doit exiger peu de soin, repris-je, puisqu'il croît facilement partout. — Sans doute; mais il faut connaître ce qui lui convient, car c'est de la bonne qualité de la feuille, c'est de la bonne exposition de l'arbre, enfin c'est de la nature du sol, que dépend plus ou moins la supériorité de la soie. » A ces mots, Virbius ramassant une feuille qui était tombée, entra dans quelques détails sur ses qualités chimiques. « La partie résineuse, me dit-il, étant celle qui contribue le plus à la soie, la feuille qui en contient le plus doit avoir par conséquent la préférence sur toute autre. Il importe donc de connaître quel sol et quelle exposition sont le plus favorables à cet arbre. En général le mûrier croît dans tous les climats, mais il se plaît mieux dans les pays chauds, parce que les sucs de sa feuille s'y élaborent mieux qu'au nord, et que le principe soyeux s'y trouve moins noyé dans le véhicule aqueux. »

Je m'informai ensuite de la manière de greffer cet arbre, ce que Virbius m'enseigna, en me recommandant de l'employer le moins possible; et me montrant alors dans sa pépi-

nière une grande quantité de sauvageons :
« Cette espèce, me dit-il, est bien préfé-
rable au mûrier greffé; sa feuille a la propriété de produire une soie plus fine et plus
lustrée, et, en outre, d'offrir dans ses bour-
geons un développement beaucoup plus pré-
coce, avantage précieux au premier âge des
vers. »

Après avoir ainsi visité la pépinière dans le
plus grand détail, je me disposais à rentrer
dans la ferme de Virbius, lorsque sur un plateau très aéré s'offrit tout à coup à mes yeux
un édifice construit dans une forme ellip-
tique. Je demandai à Virbius à quel usage
était destiné cet établissement. — « Je me
disposais à vous y conduire, me répondit-il; c'est ce que nous appelons vulgai-
rement une magnanière, ou établissement
destiné à l'éducation des vers à soie (12).
Vous voyez celui-ci, situé dans une fort
bonne exposition du nord au midi; car le

ver à soie veut être à l'abri d'une trop forte chaleur, et craint surtout l'humidité et la stagnation de l'air. — Certes, voilà un insecte, m'écriai-je, dont l'éducation doit être bien difficile et bien importante, puisqu'elle se fait à si grands frais, à en juger par ce vaste établissement.—Savez-vous bien, repartit Virbius, qu'en Chine dont il est originaire, il est la principale source de toutes les richesses de l'empire, et que la soie que l'on dévide de son cocon était autrefois plus précieuse que l'or. Je sais à la vérité que tous mes soins, tout mon travail, n'obtiendront jamais une soie qui le puisse disputer à celle de la Chine; mais il n'en faut pas moins redoubler d'efforts, parce qu'en toute espèce d'industrie possible, le but qu'on se propose, c'est le perfectionnement du produit. Au surplus, je vous dirai qu'il en est de la qualité de la soie comme de celle des laines et des vins; elle tient au climat, au sol et à l'espèce qui se plaît mieux dans un lieu que dans un autre. »

Nous entrâmes dans l'intérieur de la magnanière, et j'admirai d'abord l'extrême propreté qui régnait partout. L'insecte était placé sur des nattes et non sur des planches ; sa litière était d'une propreté admirable ; l'air y était pur et continuellement en circulation. Virbius entra alors dans quelques détails sur l'éducation du ver à soie. « Approchez, me dit-il, et remarquez la feuille que nous leur donnons pour nourriture ; elle est savoureuse sans être trop grasse, fraîche sans humidité ; aussi est-ce un usage suivi rigoureusement dans cet établissement de ne la cueillir le matin que lorsque le soleil est levé depuis un certain temps, et le soir avant la chute du serein. Une autre règle non moins rigoureuse, c'est d'entretenir un courant d'air continuel, car cet insecte, plus que tous les autres animaux encore, a besoin d'un air pur pour respirer, et dussiez-vous l'exposer à toutes les circonstances possibles, même les plus contrariantes, faites-le plutôt que de lui laisser respirer un air vicié. C'est pour cette raison que vous le voyez exposé au jour, car l'obscurité ne ferait qu'accroître la masse des vapeurs méphytiques de l'atelier (a). »

Virbius me fit ensuite passer dans une autre salle où je vis une grande quantité de cocons d'une couleur beaucoup plus blanche que les autres : « Cette espèce de ver à soie vous est inconnue, me dit-il, elle est encore peu répandue (13); mais je veux la propager dans toute la colonie : car ce climat ne peut que lui être très favorable. Les chenilles à soie blanche de la Chine ont l'avantage de donner de la soie d'un

---

(a) Voyez aux notes, page 150, la description de ce ventilateur.

plus grand prix, d'une meilleure qualité, indépendamment de la supériorité de la couleur
et d'une manipulation plus facile et moins
chère à la teinture; il nous sera d'ailleurs utile
à plus d'un ouvrage.

« Sans doute, il serait curieux pour vous
d'assister à la mise en œuvre des productions
brutes que nous fournit cette contrée (a);
mais ceci appartient à l'industrie manufacturière, et je vous invite beaucoup à visiter
nos différentes manufactures, qui sont pour
notre colonie une source inépuisable de richesses. »

Cependant, le jour étant à son déclin, je

(a) Au nombre des arbres et des plantes ci-dessus
mentionnés, auxquels le sol et le climat d'Alger peuvent
convenir, j'ajouterai la canne à sucre, le cotonier, l'indigo, enfin la garance, plante indigène qui a pris une
grande importance dans le commerce depuis qu'on l'emploie à la teinture des draps militaires. Quoique la
canne à sucre y réussisse très bien, ne pourrait-on pas
aussi essayer la betterave?

remerciai Virbius des nouvelles connaissances
que j'avais acquises auprès de lui, et je le
quittai pour retourner à mon habitation avant
l'approche de la nuit.

FIN DE LA TROISIÈME JOURNÉE.

NOTES

DE

LA TROISIÈME JOURNÉE.

———

(1) Voici ce qui se pratiquait chez les anciens. Les partans étant une fois enrôlés (car la levée s'en faisait comme celle d'une armée), on leur fournissait des armes, des vivres et toutes les provisions nécessaires. C'était dans son propre sein que la métropole choisissait le chef qui les devait conduire au lieu désigné pour fonder la colonie. Le départ était toujours précédé d'un sacrifice solennel, et la république faisait distribuer à tous les enrôlés un diplôme ou patente en forme d'acte authentique (Diodore, Strabon, Thucidyde, l. I, ch. 17). Au reste, ces fêtes, ces sacrifices, établis en l'honneur de quelque époque mémorable, avaient un but d'utilité chez les anciens ; c'était de réunir des individus qui,

en quittant leur patrie, devaient partager les mêmes
périls, les mêmes travaux, et qu'une même destinée appelait à fraterniser ensemble. Quel que soit
le degré de raison où l'homme puisse arriver, le
prestige des illusions conservera toujours quelque
empire sur son esprit, et je crois qu'en toute entreprise périlleuse et lointaine un chef doit toujours
s'adresser à l'imagination de ceux qu'il conduit.
C'est en ce sens que je crois utile de maintenir encore certaines cérémonies publiques.

(2) C'était une espèce d'hommage rendu à la métropole, et auquel les anciens manquaient rarement.
Telle était la simplicité des mœurs antiques, dont
nous pouvons à peine nous faire une idée.

Les métropoles grecques tiraient leur principal
lustre de leurs colonies ; c'était la gloire de Milet,
d'Athènes, de Corinthe, gloire qui rejaillissait sur
les conducteurs des colonies. Ces villes, qu'ils
avaient fondées, les plaçaient au rang des héros ; on
frappait des médailles en leur honneur. C'est ainsi
que tout l'Orient institua des jeux, des sacrifices à
Jason.

(3) La misère des classes inférieures ne souffre
aucune temporisation ; c'est un état de crise auquel

il faut promptement porter remède. Le peuple manque de pain, commencez par satisfaire un besoin purement matériel, et l'ordre se rétablira bientôt, je vous le garantis : ensuite, employez tous les moyens coërcitifs que vous croirez nécessaires pour prévenir de nouveaux désordres, je vous approuve. Mais si vous répondez d'abord à coups de fusil, il faut s'attendre à tous les excès qu'aura provoqués une réponse si brusque et si intempestive : l'explosion sera en raison de la compression. *Fames malesuada.* La plupart des émeutes populaires n'ont pas d'autre cause ; témoin les troubles de Lyon.

Quand ce malaise est général, et qu'il ne tient qu'à une surabondance de population qui se nuit à elle-même, il n'est guère possible de remédier aux désordres qui en sont la suite, s'il ne s'ouvre quelques débouchés propres à lui donner écoulement. Mais il ne faut pas s'y tromper : car ces émeutes populaires ne sont pas toujours un indice certain qu'il y ait accroissement disproportionné dans la masse des prolétaires; des causes momentanées y peuvent donner lieu, comme cela arrive dans les villes manufacturières, où l'ouvrier manque de pain sitôt que le commerce est en souffrance. Au reste, la colonisation d'Alger offrira bientôt à cette classe de prolétaires inoccupée, des moyens d'existence faciles et commodes. Combien d'ouvriers trouveront le moyen d'y exercer leur industrie avec avantage, qui les trois quarts de l'année étaient sans ouvrage dans leur pays.

(4) Coriolan qui prévit les conséquences d'un pareil abus s'exila de Rome. Mais les ambitieux, pour acheter plus de voix en s'attirant l'amitié de la populace, favorisèrent de tout leur pouvoir l'exécution d'une pareille proposition : aussi est-ce à cette pernicieuse oisiveté qu'on doit attribuer les séditions, les guerres civiles auxquelles cette ville était sans cesse en proie.

(5) On pourrait, dit Wallace, établir une ou plusieurs sociétés de gens mariés qui paieraient à la fois, ou annuellement, durant leur vie, certaines sommes plus ou moins fortes, selon qu'ils le jugeraient à propos, à condition qu'après leur mort on fît à leurs veuves et à leurs enfans une pension alimentaire proportionnée à la somme qu'ils ont fournie. Ces sortes de sociétés assureraient l'entretien des veuves et des enfans des laboureurs ou des autres personnes qui meurent.

Nous avons aujourd'hui des moyens équivalens qu'on peut employer pour encourager la classe agricole.

(6) Les législateurs, voulant tirer les Grecs de l'état de barbarie où ils étaient plongés, empruntèrent le secours de la religion : témoin la fable d'Apollon, qui se fait berger chez Admète, afin de leur inspirer le goût de l'agriculture. Chez nous, la religion et la politique ne se mêlent guère de l'agriculture; mais la force de l'habitude, la routine de l'instinct, ont suppléé à tous les grands ressorts qui nous manquent.

(7) Chez les anciens Perses, il était une époque où les rois quittaient leur faste pour manger avec les laboureurs. En Chine, comme on sait, l'empereur, tous les ans, fait la cérémonie d'ouvrir les terres.

(8) Le lupin craint beaucoup l'argile, et se plaît de préférence dans les terres maigres et rouges. Il n'est pas douteux que cette plante ne vienne très bien dans le territoire d'Alger, et qu'elle n'y soit d'une grande utilité; car Columelle, dont j'ai peu altéré le texte en le rapportant, fait le plus grand éloge de cette plante sous le rapport de la double utilité qu'elle réunit.

(9) Cette plante annuelle est originaire du plateau de la haute Asie ; on en recueille en Perse dans l'état sauvage : le lin moyen que nous cultivons dans le midi de la France en est regardé comme le type, parce qu'il ressemble plus aux graines apportées chez nous. Une terre substantielle est celle qui lui convient le mieux : semé dans une terre sèche, il s'élève peu, mais sa filasse est fine.

Le lin chaud ou têtard est celui qu'on sème assez ordinairement lorsqu'on est dans l'intention d'en faire de l'huile. Si les Hollandais livrent au commerce l'huile de lin à meilleur prix que tous les autres peuples, ils ne le doivent qu'à leurs moulins, appelés tordoirs, qui tirent de la même quantité de grains un tiers de plus d'huile que les nôtres. Il serait donc utile d'établir à Alger ces tordoirs ainsi perfectionnés, et en suffisante quantité, comme on l'a déjà fait dans le nord de la France.

Le lin moyen est le seul qu'on emploie dans les pays méridionaux de la France ; mais le meilleur, pour avoir de la belle batiste ou de la dentelle estimée, serait de semer du lin froid ou le grand lin, parce que sa filasse est très longue et très fine ; mais cette variété ne se plaît que dans les pays septentrionaux, et veut une terre très légère et fertile tout à la fois.

Il est bon d'arroser le lin, quand on le peut, pendant les sécheresses, pourvu que ce ne soit pas au moment où il est en fleur. Du reste, on ne doit l'arracher que lorsqu'il est arrivé à son point de maturité.

(10) Cet arbre aime un terrain net et de l'ombre; il ne croît pas seulement dans les Alpes; mais plusieurs chaînes de montagnes d'Allemagne, et quelques unes du nord de l'Europe et de l'Asie, en contiennent en grande quantité. Pourquoi ne l'essaierait-on pas dans l'Atlas?.

Son utilité est généralement reconnue; on en fabrique des tonneaux qui sont d'un usage éternel, et où le vin ne s'évapore pas. Son écorce s'emploie dans nos tanneries, étant fort légère, presque inaltérable et d'un facile emploi. Dans les Alpes, je l'ai vu employer comme bois de construction, en plaçant des poutres d'un pied d'équarrissage les unes sur les autres: sa résine, attirée par la chaleur du soleil, en bouche toutes les ouvertures, de manière à rendre les maisons impénétrables à l'air et à l'humidité.

(11) Le mûrier blanc est originaire de la Chine. Les côteaux de nature calcaire, les rochers qui se dilatent d'eux-mêmes, et dont le grain est facilement converti en terre, sont les endroits à préférer; les racines de l'arbre s'étendent entre les fissures de ces rochers, et y trouvent une nourriture bien préparée, quoique peu abondante. Si à ce sol graveleux, ou sablonneux, se trouve une certaine quantité de bonne terre, le mûrier y prospère et sa feuille est excellente.

On ne saurait mettre trop de soin dans le choix de sa graine, rejeter celle des arbres trop jeunes ou trop vieux, des arbres plantés en terrain humide, des arbres cariés.

Le moment de la semaille dépend de la saison et du climat. Sous tous les rapports il vaut mieux semer en pleine terre qu'en caisse; les terrains secs conviennent toujours bien au mûrier.

La levée et plantation de semis se fait par deux méthodes : la première, c'est de planter à mesure qu'on voit sortir la pourette du semis; la seconde, de former une pépinière en rejetant avec soin toute pourette qui n'aurait pas bien végété dans la première année du semis par la négligence du cultivateur.

Dans le semis, on ne doit négliger aucuns soins ; il faut exciter la végétation par des engrais, les arrosemens, l'extirpation des mauvaises herbes et les petits labours multipliés.

Quant à la plantation d'un arbre de pépinière dans une autre terre, voici le principe. Proportionner la grandeur et la profondeur des fossés au volume des racines ; ne planter jamais à côté d'un arbre mort, parce que le mûrier ne peut subsister dès qu'il rencontre des parties cadavéreuses ou racines de son prédécesseur.

Ne planter que des arbres de fort calibre, et ne jamais tirer de plant vieux des pépinières.

Si le mûrier a été planté à la fin d'automne, donner le premier labour en mars. Faites les autres de trois mois en trois mois. Dans le midi de la France, on les arrose une ou deux fois dans les deux étés qui suivent, à cause de la sécheresse. (Deux Italiens, le comte Dandolo et un autre auteur récemment traduit, et le *Dictionnaire d'Agriculture*, ont traité à fond la culture du mûrier et l'éducation des vers à soie.)

(12) Le climat des côtes d'Afrique doit parfaitement convenir au ver à soie, qui est originaire d'A-

sie, où les chaleurs sont beaucoup plus fortes qu'en Europe. On peut élever avec succès cet insecte à une température poussée à vingt-huit degrés.

L'art d'élever cet insecte était connu à la Chine 2,700 ans avant l'ère chrétienne; il passa ensuite dans l'Inde, la Perse et autres parties de l'Asie.

Au sixième siècle, il fut transporté à Constantinople.

La Grèce, depuis 600 ans, avait le privilége exclusif de faire en Europe de la soie et de la façonner.

En 1130, sous Roger, roi de Sicile, ce nouveau genre d'industrie, importé du Péloponèse à Palerme, se répandit bientôt dans toute l'Italie, et à son tour l'Espagne la reçut des Arabes.

En cherchant à Alger une bonne exposition vers le nord, et en abritant la magnanière par la chaîne de l'Atlas, qui la garantirait des vents du sud, si pernicieux à ces insectes, il n'est pas douteux qu'ils n'y réussissent aussi bien qu'en Arabie, où, comme je viens de le dire, ils étaient anciennement connus.

Dandolo, auteur très estimé dans cette partie, conseille de ne multiplier que le ver à soie dit Milanais, parce que la soie en est plus belle et l'éducation plus courte.

Le mûrier, à peine dépouillé de ses feuilles, les reproduit; on pourrait donc faire plusieurs récoltes de vers à soie dans l'année; mais il y aurait peu d'avantage, parce que beaucoup ne prospéreraient pas dans le temps des orages, ni dans le temps des chaleurs accablantes appelées touffes. Au surplus, la graine doit toujours être renouvelée de quatre en quatre ans et être de bonne qualité.

Elle ne veut point être entassée; on peut la conserver sur l'étoffe ou sur les feuilles qui l'ont reçue. Elle craint en été les effets de la chaleur en hiver l'humidité.

En Afrique, on ferait bien, je crois, de la laisser éclore, comme en Asie, par le seul effet de la chaleur atmosphérique, attendu que la naissance du ver pourrait y coïncider avec la pousse des feuilles.

La plus grande propreté y est recommandée. Le plancher doit être balayé deux fois par jour et arrosé chaque fois; l'humidité de la feuille, les émanations de l'insecte, cette humeur visqueuse qu'il laisse échapper, entrent en décomposition; la fermentation s'y établit, et bientôt il se dégage une si grande quantité de gaz délétère, que la magnanière ne contient plus qu'une atmosphère empoisonnée, où le ver respire le germe de toutes les maladies. C'est pourquoi il faut avoir recours au ventilateur tel qu'il est décrit dans le Dictionnaire d'agriculture. Voici cette description :

Au lieu de portes de bois, ayez des châssis dont les vides soient remplis de paille entre deux toiles clouées entre les montans et sur les traverses. Ces châssis, ajustés, deviendront des ventilateurs, qui chasseront sans obstacle l'air de l'atelier vers les issues opposées, qu'on aura soin d'ouvrir ; on les fera battre pendant un quart d'heure environ, selon le besoin et la masse d'air à renouveler ; mais il faut avoir un atelier construit de façon à ce que ce renouvellement puisse s'y opérer complètement, en procurant une entrée à l'air extérieur et une issue à l'air vicié, afin d'établir un courant du dedans au dehors ; courant qui sera d'autant plus rapide que la différence de densité entre les deux atmosphères sera plus grande, et que les vents qui souffleront seront plus violens et auront une action plus directe sur la masse à renouveler. Ce besoin de portes et fenêtres ne se fait jamais plus sentir que

quand le vent du sud règne ; il devient très néces·
saire d'ouvrir de toutes parts les jours du midi
comme ceux du nord.

Toute fumigation pour désinfecter l'air de l'atelier est nuisible , parce que les végétaux et les corps
résineux laissent échapper en brûlant une grande
quantité de gaz hydrogène et d'azote ; l'air respi-
rable est diminué d'autant, et l'atmosphère en devient méphytique.

Le vinaigre, comme moyen de désinfection, est
nuisible si on le répand sur une pelle rougie au
feu. Le chlorure de chaux est aujourd'hui ce qu'il y
a de mieux pour désinfecter l'air.

Quant à la maladie qu'on appelle touffe, le renouvellement de l'air, une chaleur tempérée , sont
les meilleurs expédiens à employer pour en préser-
ver les vers à soie.

(13) On sait combien ont prospéré les établissemens formés à Lyon pour l'éducation des vers à
soie. Ce serait un exemple à suivre par ceux des
colons qui voudraient se livrer à cette espèce d'industrie sous un ciel aussi favorable que celui
d'Alger.

QUATRIÈME JOURNÉE.

SOMMAIRE.

Je me préparais à quitter mon habitation, lorsque Stilicon entra, et m'abordant d'un air affable : «Hermès, me dit-il, n'est point encore de retour; je sais que vous êtes avide d'instruction, et je viens à sa place vous proposer de visiter nos établissemens publics et nos ma-

nufactures. Si cette proposition n'est pas intempestive, je me fais un véritable plaisir de
vous accompagner. » Je remerciai Stilicon de
son offre obligeante, et je sortis avec lui.

Chemin faisant, je cherchai à connaître
les différentes branches d'industrie répandues
dans la colonie, et je le questionnai sur la situation actuelle de ses manufactures. «Elles sont
encore peu avancées, me répondit-il ; Hermès
s'est principalement occupé de repeupler ce
pays : aussi, pour arriver promptement à ce
but, a-t-il songé d'abord à faire fleurir l'agriculture et les arts qui en dépendent, parce
que sans eux point de véritables richesses à
espérer. Toutefois, comme notre colonie com-
mence à se peupler, et que les bras, loin de
manquer pour la culture, seront bientôt en
trop grand nombre, force sera de recourir à
l'industrie manufacturière.

« Ainsi, tous ceux qui ne pourront être
cultivateurs, deviendront artisans, et les mé-

mes encouragemens leur seront accordés, puisqu'ils peuvent être à leur tour un fonds de richesses inépuisables pour cette colonie. Nous devons aux uns les productions de première nécessité, aux autres une multitude de choses dont la jouissance nous a rendu l'habitude nécessaire, et qui n'ont d'autre valeur que celle que l'industrie sait leur donner : c'est ainsi que les anciens peuples de ces contrées arrivèrent au plus haut degré de prospérité (*a*). » Je m'informai ensuite quelles étaient les productions qui faisaient l'objet de leur commerce (*b*), ce qu'il me détailla avec une scrupuleuse exactitude (1). » Au surplus, ajouta-t-il, vous

---

(*a*) Comme les Carthaginois, qui se signalèrent par leur aptitude au commerce.

(*b*) Les épiceries, les aromates de toutes espèces, les essences de parfumerie, les toiles, le papier, le verre, le lin, les étoupes, les étoffes en soie, enfin, les cuirs peuvent être encore aujourd'hui, comme anciennement,

saurez que nous n'employons guère, pour être mises en œuvre, que les productions les plus propres à notre sol et à notre climat, de préférence à celles des autres nations avec lesquelles nous commerçons ; car telle manufacture a bien réussi chez l'étranger, qui ne vaudrait rien chez nous. »

Nous parcourûmes plusieurs manufactures, une entre autres des plus importantes, où se fabriquaient des armes d'une trempe supérieure à toutes celles que l'on connaissait (*a*). Hermès n'avait rien épargné pour se faire donner les procédés employés dans les ateliers de Syrie : car il imitait volontiers les nations étrangères dans toutes les choses où elles mon-

---

l'objet d'un commerce très important. (Voyez la note 1 qui se trouve à la page 183.)

(*a*) Pourquoi n'arriverait-on pas dans les manufactures d'armes établies à Alger, à cette perfection de trempe qu'on admire dans ce fameux acier de Damas si renommé dans toute l'Europe ?

traient quelque supériorité. Cette manufacture, déjà poussée à sa perfection , fournissait
aux besoins des armées de la métropole.

Après avoir visité successivement plusieurs établissemens où l'industrie manufacturière avait mis en œuvre une multitude de productions indigènes , qui avaient
fait chez les peuples anciens l'objet d'un
commerce fort étendu , j'entrai dans quelques détails sur les relations commerciales
de la colonie avec ses voisins, et je voulus
connaître sur quels principes reposait son
commerce qui me paraissait déjà très flo-
rissant. Stilicon satisfit à toutes mes questions. « Hermès a donné de grands encouragemens au commerce, me dit-il, parce qu'il
remplissait parfaitement ses vues politiques.
En effet, lui seul pouvait adoucir les mœurs
de ces peuplades barbares(*a*), et changer leurs

______

(*a*) L'histoire du commerce est celle de la communication des peuples. (MONTESQUIEU.)

dispositions hostiles envers nous, puisque son
effet est de porter à la paix, en réunissant des
nations que des besoins mutuels rendent ré-
ciproquement dépendantes; tandis que la pri-
vation totale du commerce conduit peu à peu
au brigandage et à la piraterie (*a*).

« Le commerce a deux objets en vue, le premier d'entretenir les richesses réelles d'un état,
l'autre de tirer de chez l'étranger celles dont
nos habitudes nous font un besoin, en donnant en échange nos productions surabondan-

-----

(*a*) A qui la ville de Carthage a-t-elle dû l'existence ?
au commerce, car elle fut le résultat du commerce
que faisaient les Tyriens sur les côtes d'Afrique. A
qui a-t-elle dû cet état de prospérité, qui lui permit
de rivaliser avec Rome pour l'empire du monde ? ce fut
encore au commerce, parce qu'il lui donna les moyens
d'entretenir de nombreuses armées. Au contraire, tour-
nons nos regards vers la côte septentrionale de l'Espagne, nous y voyons que la civilisation y pénétra avec
lenteur, que les peuples y dépouillèrent difficilement leur
férocité naturelle, parce que leurs côtes isolées en mer,
se sont trouvées long-temps privées de toutes relations
commerciales.

tes. Nos besoins sont donc les premiers mobiles du commerce, et la consommation sa
véritable mesure. Sans elle, point de circulation, point d'échange, point de concurrence.
— Vous est-il permis de commercer librement avec toutes les nations, sans que votre
métropole, par des restrictions gênantes, se
permette jamais d'entraver vos opérations?—
Je vous avoue qu'en cela nous suivons un principe opposé à celui des peuples civilisés (2).
Nous regardons ici la concurrence comme le
plus important principe du commerce, parce
qu'elle produit l'abondance, comme la liberté
produit le bon marché des vivres, des matières
premières, des artistes et de l'argent. Or tout
ce qui peut gêner cette liberté est opposé
à son objet même, qui est le bien-être de
toute une population. En effet, que résulte-t-il
de cette gêne attachée au système de prohibition? premièrement, qu'on songe plutôt à
faire un commerce qui soit sous la protection

spéciale du gouvernement, que celui auquel nous destinent notre sol et notre industrie. Or, je vous le demande, ne vaudrait-il pas mieux nous en tenir aux produits où nous excellons, et qui excitent la convoitise de l'étranger, que de l'imiter dans ceux où nous lui sommes inférieurs? Secondement, les nations en défendant chez elles l'entrée des marchandises étrangères, se nuisent mutuellement, parce qu'elles empêchent, chacune de leur côté, les marchandises de sortir de chez elles. Voilà où les conduit le désir immodéré de s'enrichir en voulant jouir, chacune exclusivement, des avantages du commerce. Toutefois, par liberté, je n'entends pas la faculté accordée aux négocians de faire tout ce qu'ils veulent, parce que ce qui gène le commerçant, ne gène pas pour cela le commerce (a). — Ainsi, le commerce est libre

---

(a) Cela est si vrai, qu'il n'y a pas de pays où le négociant trouve plus d'entraves qu'en Angleterre; il y a

dans votre colonie, et votre métropole l'autorise, bien qu'elle ne jouisse peut-être pas de la même faveur chez les autres nations? — Assurément; et il serait facile de vous prouver que l'état, loin d'y perdre, y gagne encore par la concurrence qui en résulte. — D'après de tels principes, votre métropole, je présume, n'assujétit à aucune taxe les productions que vos marchands importent chez elle. — Sans doute; car moins vous en mettrez sur le commerce, plus il prospérera. Aussi notre métropole qui a bien compris ses intérêts, s'est-elle déterminée à supprimer toute espèce de droit d'entrée et de sortie, afin de ne point priver nos commerçans du bénéfice de la concurrence, d'autant mieux que notre commerce est encore si restreint dans ces nouveaux pa-

---

prohibition pour plusieurs marchandises, par exemple pour la laine, etc., quoique cette liberté y soit de l'essence du commerce.

11

rages, qu'il serait bientôt suivi d'un abandon total, s'il n'était soutenu de la protection toute spéciale de notre métropole. D'ailleurs, les relations commerciales de cette dernière avec sa colonie sont naturellement si intimes, que tout ce qui tendrait chez l'une à diminuer la quantité des marchandises, ou à les faire renchérir, ne manquerait pas de diminuer le bénéfice de l'autre. Au surplus, ce procédé généreux a déjà produit d'heureux effets, et entre autres, celui d'établir un prix proportionnel basé sur les besoins réciproques de la métropole et de la colonie; prix qui deviendra permanent une fois qu'elles connaîtront exactement leurs besoins par leurs consommations.

« Un autre avantage non moins important, c'est de faire circuler les denrées comme si les récoltes eussent été bonnes partout : aussi, ne voyons-nous jamais de non-valeur dans le prix de nos céréales, comme cela arrive ailleurs, lorsqu'elles sont trop abondantes. Notre blé se soutient toujours à un taux raisonnable, grace à cette facilité qui nous est donnée, de lui trouver partout des débouchés pour l'exportation du surabondant. Que résulte-t-il d'un pareil système? d'abord que le cultivateur ne craignant jamais de cultiver sans bénéfice, ensemence tout le terrain qu'il possède; ensuite, que le pain n'étant jamais à trop bon marché, le journalier sent toujours le besoin de travailler pour en gagner, et ne songe point à hausser le prix de sa journée; d'où vient que le cultivateur n'est jamais dans l'appréhension de voir diminuer son bénéfice, pendant que ses frais de culture augmentent. Telles sont les conséquences résultant d'un prix proportionnel bien établi. Ajoutez à cela que le salaire, pour toute espèce de travaux, s'établissant de la même manière que le prix des grains, les entrepreneurs en tout genre emploieront un plus grand nombre d'ouvriers, et qu'enfin tous les bras seront occupés dans les villes comme dans les campagnes.

« Toutefois, je vous le répète, cette liberté étant principalement établie en faveur de la métropole, elle ne doit jamais dégénérer en abus, ni lui être préjudiciable. Ainsi, par exemple, nos colons peuvent bien vendre leurs denrées partout où ils trouvent leur avantage; ils peuvent commercer librement chez toutes les nations; mais ils sont forcés d'acheter de préférence tous les objets que la métropole peut leur fournir, comme ils sont tenus de lui vendre les denrées dont elle a besoin.

« En résumé : vous voyez 1° que les nations, en défendant l'exportation, diminuent le nombre d'acheteurs, et vendent conséquemment à plus bas prix, faute de concurrence, et qu'en défendant l'importation, elles achètent à plus haut prix, parce qu'elles diminuent le nombre des vendeurs; 2° que tout le secret du commerce consiste à savoir attirer chez soi l'or et l'argent de l'étranger, et à l'empêcher de vendre les choses produites et manufacturées chez lui. — Maintenant, vous demanderai-je, quelles règles observent, à cet égard, vos colonies entre elles? Jouissent-elles de cette même liberté? — Assurément; c'est même un moyen d'augmenter les richesses nationales. Ce commerce particulier a l'avantage du commerce intérieur d'un état, pourvu que les denrées des colonies ne soient jamais de nature à entrer en concurrence avec celles de la métropole. Du reste, il accroît réellement les richesses de l'état, puisqu'au bout du compte, l'aisance des colonies lui revient toujours. Par la même raison, notre colonie peut avoir un commerce actif avec les colonies étrangères, parce que ce commerce peut être avantageux à l'état, s'il est contenu dans ces bornes légitimes. »

Cependant le jour commençait à baisser, et

je songeais à m'acheminer vers mon habitation, lorsque, arrivant sur une place assez
vaste, j'aperçus un édifice dont l'architecture
fixa mes regards; je demandai à Stilicon quelle
était sa destination, et j'appris qu'on y battait
monnaie au coin de la métropole. Je le questionnai alors sur le mouvement des espèces
dans sa colonie. « Notre commerce avec les nations étrangères, me répondit-il, en attire une
grande quantité; mais quelque valeur qu'on
attache à l'or et à l'argent, ce n'est point dans
l'abondance de ces métaux que consiste la
principale richesse d'un état. C'est une vérité reconnue depuis long-temps, et que la
fabuleuse antiquité a consacrée elle-même
dans l'histoire de ce roi qui, malgré le pouvoir magique de convertir en or tout ce qu'il
touchait, se voyait toujours à la veille de
mourir de faim. La première de toutes les richesses ne consiste donc que dans l'abondance
des productions qui se consomment, et dont

l'or et l'argent sont le signe représentatif (*a*) :
car, pour ce qui est tribut d'accident, il faut
le regarder comme une fort mauvaise chose (*b*),
aussi, quand l'or occupe la place des véritables richesses, lui-même perd-il bientôt de sa
valeur; et la misère est ordinairement ce qui
reste aux peuples, de toutes les belles espérances qu'il semblait annoncer (*c*). Il faut
donc que la quantité des espèces soit en proportion des consommations. D'où on peut
établir, en principe, que le degré d'abondance

(*a*) Cette expression, quoique usitée, manque pourtant de justesse, car l'argent, loin d'être un simple signe,
a une valeur très réelle, puisqu'il était primitivement une
marchandise d'un très grand prix. C'est parce qu'il a une
grande valeur par lui-même, qu'il prouve dans le commerce que d'autres choses en ont aussi une très grande.

(*b*) C'est un tribut d'accident quand cette richesse fac-
tice ne dépend ni de l'industrie de la nation, ni du nombre de ses habitans, ni de la culture de ses terres.

(*c*) C'est ainsi que le roi d'Espagne, avec toutes ses
mines d'Amérique, au lieu d'avoir un grand peuple, n'a-
vait qu'un grand tresor.

et de disette d'un état, est toujours déterminé par celui du mouvement et du repos de l'argent. Quand cette grande abondance d'espèces circulantes repose sur la multitude des besoins réels ou factices, elle n'est plus un mal, parce qu'alors toute production, à l'égard de nos besoins, augmente de valeur dans la même proportion.

« Ainsi, vous voyez, 1° que toutes les fois que l'argent circule par des moyens naturels, il contribue réellement à la prospérité d'un état; et en ce sens, une colonie fait très bien d'attirer du dehors le plus d'argent qu'il lui est possible; et 2° que la consommation et la circulation sont les deux grands pivots sur lesquels roulent toutes les finances (a). »

____

(a) La circulation des espèces est aussi nécessaire que celle des productions naturelles, parce qu'elle met en rapport leur valeur avec celle des biens réels. Les bons ou les mauvais effets sur le commerce étant toujours

J'interrompis Stilicon ; ne pourrait-on pas, dans un cas de gène extrême, changer la valeur de la monnaie, en ordonnant, je suppose, une refonte ou une réforme de pièces, afin de les remettre en circulation, une fois réformées, pour une valeur plus élevée, de telle façon, par exemple, qu'une pièce de seize francs eût cours pour vingt francs ; il me semble qu'on pourrait, à l'aide de cette valeur fictive, remplacer le défaut de quantité d'espèces. « Je vous entends, repartit Stilicon ; mais vous

---

proportionnés à la valeur d'un état, il s'ensuit que le rapport qui existe entre ces deux valeurs est toujours très grand, et que par conséquent la perte que fait cet état est toujours très grande, lorsque l'argent n'y circule pas. Ainsi, par exemple, si les biens valent cent fois plus que les espèces qui sont en circulation, comme 1 est à 100, qu'arrivera-t-il ? que l'argent acquérant plus de valeur par sa rareté, fera diminuer celle des objets ; l'industrie se trouvera arrêtée, et la vente des biens en stagnation. D'où on peut établir en principe, que plus l'argent est cher et rare, plus les biens diminuent de valeur, *et vice versá.*

comprendrez bientôt que ce moyen est toujours nuisible à l'état. Dans le cas proposé,
la valeur numéraire étant changée, quoique
conservant le même poids et le même titre,
qu'arrivera-t-il? que l'étranger, pour bénéficier
sur nous, et à notre détriment, profitera de
la circonstance, en ramassant toutes les
pièces réformées pour les battre à nos coins
et les remettre en circulation après la réforme, par exemple, les pièces de seize francs
pour vingt francs; en sorte que, profitant d'un
temps d'abondance, il viendrait chez nous
acheter nos denrées à vil prix, qu'il nous
paierait avec nos pièces de valeur fictive, tandis que dans un temps de disette, nous irions
lui en acheter d'autres à un prix très élevé,
qu'il faudrait lui payer en pièces d'une valeur
réelle. Vous sentez le préjudice qui en résulterait pour nous, outre que, par suite de
cette fausse mesure, les particuliers préférant
garder leur argent plutôt que de le perdre

de cette manière, en arrêteraient promptement la circulation.

« Vous voyez donc que la variation des monnaies dérange tout à fait le commerce (4). Concluons que toute évaluation qui excède sa juste valeur, produit une lésion énorme sur les équivalens qu'un état fournit à l'étranger. Concluons encore que l'argent étant de valeur des biens échangés, on n'y doit pas plus toucher qu'aux autres mesures, parce qu'alors paraissant stable aux négocians, soit haut, soit bas, il n'en reste pas moins en circulation : car ce n'est qu'avec cette confiance et cette stabilité dans les choses, que notre commerce peut prendre une supériorité véritable sur celui de nos voisins. »

Cependant nous nous rapprochions de nos habitations. Stilicon m'invita à le suivre dans la sienne, pour me montrer un établissement où il avait pris soin de rassembler tout ce que la colonie avait de plus curieux en objets d'art

et de luxe. J'acceptai son offre avec empressement, et je me trouvai bientôt dans un ap-
partement richement décoré, où se trouvaient
étalés, dans un ordre admirable, un nombre
prodigieux d'échantillons de drap, de soie-
ries, de dentelles, de cachemires. J'y remarquai aussi de très belles fourrures, des diamans étincelans, et une quantité d'autres
pierreries, auxquelles le luxe seul peut
donner quelque prix (a). J'admirai de fort
beaux cristaux, des meubles en bois étrangers d'une perfection achevée. Quel luxe!
m'écriai-je, quel est donc votre dessein en
rassemblant tant d'objets divers? « D'exciter
de nouveaux besoins chez les nations qui
nous environnent, afin de les amener à des

(a) Le père Labbat mentionne dans son ouvrage une
espèce de pierre verte qu'on trouve dans la rivière des
Amazones, et à laquelle certaine propriété médicale
donne un grand prix. (V. 2, ann. 1694.) Elle mériterait
peut-être l'attention de nos navigateurs.

échanges avantageux pour nous, en leur offrant toutes manufacturées les productions
de notre sol et de notre colonie ; car souvent
les moindres choses prennent une très grande
valeur par le seul fait de la main-d'œuvre. Le
luxe, en recevant une telle direction, devient
une suite nécessaire de toute société bien policée, et au lieu d'être nuisible à un état, est
pour lui une source de prospérités.

Quelques économistes vous diront qu'il ne
renferme, en lui-même, que des idées fausses ;
qu'il a causé souvent la ruine des nations en
leur ôtant toute énergie, en même temps qu'il
détruisait la simplicité qui assurait leur bonheur ; ils vous démontreront qu'il ruine presque
toujours l'agriculture en lui retirant une partie
des bras qui lui sont nécessaires ; qu'il tend
toujours à augmenter les consommations en
faisant naître une foule de besoins, sans être
par lui-même une source de richesses ; que,
par conséquent, tout ce qu'il dissipe en super-

fluités est autant de retranché du nécessaire ;
d'où résulte, qu'au milieu de ces richesses
trompeuses, le peuple meurt de faim, tandis
que les riches se ruinent, et souvent, pour
se créer quelques ressources momentanées,
vont jusqu'à dégrader leurs propriétés, au
lieu de les faire cultiver avec soin : je sais tout
cela ; mais malgré ces considérations, je ne
suis point d'avis de bannir le luxe de la société (5) ; je pense, au contraire, qu'il peut
être une source de jouissances et de prospérité pour un état, s'il y est introduit comme
moyen d'occupation donnée à l'oisiveté, afin
de retenir des sujets qui, ne trouvant pas à
subsister chez eux, passeraient à l'étranger
pour y exercer leur industrie. »

J'interrompis Stilicon : « Je vois, lui dis-
je, que vous avez introduit le luxe dans
votre colonie, moins pour ses propres jouissances que pour celles des peuples qui l'environnent. — Sans doute ; j'aime beaucoup

mieux faire exporter chez eux tous ces objets de luxe que vous voyez rassemblés ici,
que de les importer chez nous : car, dans
ce cas, il nous faudrait payer cette différence
en espèces, ou en matière d'or et d'argent, ce
qui appauvrirait notre colonie, et nuirait à
sa population ; d'autant mieux qu'il n'est
pas de luxe plus ruineux que celui appelé
luxe de frivolité, qui, ne dépendant que du
caprice de la mode, change à chaque instant,
et entraîne les particuliers dans des dépenses
continuelles et sans profit (*a*). »

Tandis que Stilicon discourait de la sorte ,
mes yeux se fixèrent sur de fort belles dentelles dont j'admirai le travail. « Tenez, me dit-il,

---

(*a*) Par exemple, le faste qu'avaient les grands de
Rome , quoique prodigieux, n'était point nuisible à l'é-
tat, parce qu'il faisait circuler une immense quantité
d'or et d'argent; de telle sorte qu'il devenait impossible
que les espèces restassent dans la main d'un petit nombre
de particuliers, quoique d'un autre côté tout ce qui était
à l'usage du bas peuple fût à très bon marché.

voilà des objets de luxe dont le commerce
peut nous être très nuisible ou très avantageux, selon que nous l'exportons chez l'étranger, ou que nous l'importons chez nous. Dans
le premier cas, nous y gagnons prodigieusement, attendu que toute la valeur des dentelles consiste principalement dans la main-
d'œuvre; que le lin employé à sa confection
n'a exigé que fort peu de terrain pour sa culture; et qu'enfin sa main-d'œuvre a fait vivre
une multitude de femmes qui seraient restées
sans travail. Dans le second cas il ne peut que
nous être nuisible, puisqu'il nous forcerait de
donner le produit d'une grande quantité de
terrain pour une marchandise, dont la culture
n'en a exigé que fort peu (a). »

(a) Ainsi, par exemple, dans l'échange que la France
fait du vin de Champagne contre les dentelles, il est
prouvé qu'elle donne le produit de seize arpens contre
un ; produit énorme qu'il faut par conséquent retrancher
sur la nourriture des habitans.

Je remarquai ensuite une collection de diamans que je trouvai fort belle. Voilà des objets, dis-je, d'une valeur réelle, et dont le
prix doit peu changer. « Vous le croyez, reprit
Stilicon, eh bien! moi, j'ai plus de confiance
dans le prix du sucre ou de toute autre denrée
qui se consomme, que dans celui des diamans,
qui tend toujours à décroître, par la raison
que leur quantité se multiplie sans se détruire,
tandis que le prix des autres se soutient toujours à peu près au même taux, par cela même
que la consommation augmente à proportion
de leur produit. »

Cependant le jour était à son déclin; nous
fûmes ensemble nous informer si Hermès était
revenu de son expédition; et, chemin faisant,
je témoignai à Stilicon toute mon admiration
pour l'état de prospérité où je voyais la colonie. «C'est que le commerce et l'agriculture, me
répondit-il, s'y maintiennent parfaitement en
équilibre. Le cultivateur, le manufacturier, le

négociant, y trouvant honneur et profit, n'é-
pargnent rien pour s'y distinguer. »Je remarquai alors une décoration à sa boutonnière;
c'était une petite médaille suspendue par un
ruban bleu. Je voulus savoir quel était cet in-
signe; il m'apprit qu'Hermès avait institué un
seul et même ordre pour récompenser le mérite en général, quelle que fût la profession
où il se trouvât, pourvu toutefois qu'elle fût
utile et honorable. «La couleur du ruban varie,
ajouta-t-il; le bleu est spécialement affecté au
civil, le vert à la marine, le rouge au militaire.
Cette différence de couleur ayant pour but de
prévenir toute équivoque, me parut toute naturelle en même temps que je trouvai l'idée
heureuse d'avoir imaginé un seul ordre pour
récompenser le mérite en général. « Une vanité
puérile, me dit alors Stilicon, ne préside point
chez nous au choix de la profession que nous
embrassons; c'est notre inclination seule qui en
décide; d'où il résulte que chacun restant à la

place que la nature lui a marquée, n'en devient que plus apte à la chose, et plus utile à la colonie. En effet, qu'arrive-t-il en se laissant aller à des considérations particulières, comme on le voit trop souvent dans certains états? Que le désir d'une immense fortune fait d'un bon négociant un mauvais financier, ou la vanité, un magistrat souvent très médiocre; abus qui n'arrive plus quand chacun dans sa profession a les mêmes droits aux distinctions et aux honneurs (6); en un mot c'est ici le règne des capacités (7). Qu'arrive-t-il de là? que le commerce garde le fonds et les hommes qui lui sont propres. C'est donc en encourageant le négociant comme le magistrat par quelques profits ou quelque distinction qu'Hermès est parvenu à utiliser toutes les professions de ce pays: car enfin, puisqu'il faut le dire, tout le monde a un intérêt ici-bas; l'ambition excite le courage du militaire, la soif du gain anime le négociant; si la gloire était dénuée de toute

espèce d'avantages, l'aiguillon ne serait point
assez puissant chez les hommes pour dévelop-
per en eux le germe des talens. Pourquoi le
commerce n'aurait-il pas droit à des récompenses comme les autres professions? Ne contribue-t-il pas à la gloire d'un état, soit en aug-
mentant ses prospérités, soit en lui donnant
le moyen d'entretenir de nombreuses armées?
Rappelons-nous que le commerce vit un empereur à sa tête (*a*), ce qui prouve que cette
profession n'avait rien de dérogeant chez les
anciens (*b*). »

(*a*) L'empereur Pertinax. Il avait long-temps fait le
commerce d'une certaine espèce de bois cuit qui avait
alors son utilité; c'était de brûler sans donner de la fumée, car l'invention des cheminées n'étant point encore
connue, il n'était guère possible de se chauffer sans en
être incommodé. On ne connaissait alors qu'une ouver-
ture pratiquée dans le toit pour le passage de la fumée.
L'invention des cheminées date des temps modernes;
elle est attribuée à un Vénitien.

(*b*) En Angleterre, les pairs du royaume siégent au

Cependant Stilicon fut interrompu par l'arrivée d'un message qui lui fut rendu de la part du gouverneur. Nous nous séparâmes, et quant à moi, je me hâtai de rentrer dans mon habitation pour jeter sur le papier cet entretien que vous lirez peut-être un jour.

---

parlement sur des balles de coton, sublime allégorie qui rappelle que le commerce est une des bases de la prospérité de l'état.

FIN DE LA QUATRIÈME JOURNÉE.

NOTES

DE

LA QUATRIÈME JOURNÉE.

(1) Les cuirs d'Afrique étaient les plus estimés chez les anciens; les Romains les tiraient communément d'Alexandrie. De nos jours, ils y sont encore fort renommés. C'est de là que nous viennent les beaux maroquins qui nous servent à différens usages. Ce commerce était important chez les anciens; il ne commença à s'affaiblir qu'après l'entrée des Sarrasins en Égypte, à cause de la férocité des Mahométans. Les toiles de lin y étaient également estimées.

Les ouvrages de boiseries qui se confectionnaient à Carthage jouissaient d'une grande réputation.

Au surplus, je ne fais qu'indiquer, en passant, les diverses productions de l'industrie ancienne;

c'est à ceux qui sont dans l'intention de s'établir à Alger, pour y tenter quelque moyen de fortune, d'examiner plus à fond ce qui pourrait être encore aujourd'hui l'objet d'un commerce lucratif. Quant à moi, je n'ai d'autre but ici que de faire germer des idées d'ambition dans le cerveau de nos jeunes industriels.

(2) Je ne connais qu'un seul exemple de prohibition chez les anciens; c'est celui où les Carthaginois, par un traité conclu avec les Romains, se réservèrent l'empire de la mer. Il fut défendu à ces derniers de trafiquer en Sicile, en Sardaigne, en Afrique, Carthage exceptée. Au reste, ce que je dis de la concurrence, en matière de commerce, ne doit s'entendre que de celle qui est restée dans de justes bornes; car la meilleure des choses devient mauvaise quand elle est abusive. Ainsi, une concurrence illimitée qui s'établit chaque jour entre les ouvriers devient aussi un mal, au lieu d'être un bien pour la classe ouvrière. Elle fait baisser le prix des salaires plus rapidement que le prix des choses utiles à la vie; l'équilibre est rompu, et dès lors l'ouvrier voit sa condition s'empirer au lieu de s'améliorer.

(3) Sans vouloir examiner ici tous les avantages qui résultent de la liberté dans le commerce, et de la concurrence qui en fait partie, un des plus importans, suivant moi, c'est de rendre le monopole sur le blé impraticable, parce qu'une multitude de marchands, intéressés à veiller sur le besoin des peuples, est toujours prête à en faire circuler partout où la cherté est une suite naturelle de la disette. Ainsi, par exemple, dans tel pays, un marchand voudrait vendre seul le blé qu'il aurait accaparé dans l'intention de le faire renchérir, qu'arriverait-il ? Qu'une foule d'autres se présenteraient qui, par leur concurrence, feraient bientôt tomber le prix que celui-ci voudrait y faire mettre. Au reste, comme je viens de le dire, la concurrence a ses bons et ses mauvais effets. Elle peut devenir abusive, si elle dépasse les bornes qui lui sont prescrites. « Au régime « des monopoles, a dit un journal à ce sujet, a suc- « cédé le régime de la libre concurrence, amélioration « immense, mais qui n'est point encore le dernier « terme de l'organisation industrielle ; car si le mo- « nopole maintenait le haut prix des produits, il met- « tait obstacle aux progrès de l'industrie, et avait « l'inconvénient de circonscrire le développement

« du travail. La libre concurrence n'amène pas moins
« d'autres abus : elle occasione, dans la production,
« les fluctuations, qui laissent si fréquemment sans
« travail des milliers de familles laborieuses. Elle
« tend sans cesse à abaisser le taux des salaires au
« niveau et même au-dessous du strict nécessaire
« des ouvriers : il lui faudrait donc une organisa-
« tion qui eût pour but de maintenir les productions
« au niveau des besoins. »

(4) Sous Louis VII, on avait déjà si bien appré-
cié les fàcheuses conséquences qui pouvaient résulter d'une variation dans les monnaies, que les ducs
et comtes convinrent avec leurs vassaux qu'on ne
changerait ni affaiblirait la valeur des monnaies.
(*Voyez* LEBLANC, page 198.)

Au surplus, le meilleur baromètre que nous puissions consulter pour établir la balance entre la perte
et le gain que nous faisons avec l'étranger, c'est le
cours des changes étrangers, et non l'entrée et sortie des marchandises. (*Voy.* DUTOT.)

(5) Le luxe convient à la société, dit Vertot. « Une
« vie libre, mais sauvage, des mœurs féroces, le
« peu de commerce avec les nations policées, l'i-

« gnorance des commodités, tout contribue à éloi-
« gner le luxe des cabanes ; et nous ne pouvons
« nous faire une idée plus juste et plus nette de ces
« premiers temps, qu'en les comparant au genre de
« vie que mènent aujourd'hui les Hurons et les Iro-
« quois. »

(6) Dans un pays où tout est encore à faire et
tout à créer, on ne peut trop stimuler les talens en
laissant la voie des honneurs et de la fortune ou-
verte à quiconque saura faire la conquête des in-
telligences ; que tout emploi civil ou militaire soit le
prix de longs services, de longues études ou de
quelques actions éclatantes, de telle sorte que les
capacités puissent se succéder sans interruption.
Quel zèle, quelle émulation ne doit pas exciter
parmi les serviteurs de l'état la noble ambition de
se voir au-dessus de ses concitoyens, étayé seulement de son propre mérite ! Mais à qui s'en rapporter, demandera-t-on, pour la nomination de ces capacités ? A la loi, a déjà dit un de nos orateurs, à
la loi seule, parce qu'elle ne brigue et ne se pas-
sionne pas, parce qu'elle inscrit sur ses tables les
actions mémorables, les caractères éprouvés par le
temps, les hautes capacités. Par ce moyen, chacun

se trouvera placé dans les circonstances les plus favorables à son ample développement moral et physique, et, d'un autre côté, les emplois ne seront dévolus qu'à ceux qui seront aptes à les remplir. On ne verra plus de ces choix monstrueux dont l'histoire fournit tant d'exemples, et qui n'ont eu d'autre principe que l'engouement et le caprice des cours : des barbiers qui sont devenus archevêques (a), ou des archevêques qui ont endossé la cuirasse pour commander des armées.

Ce que j'ai dit relativement aux encouragemens qu'on doit donner aux capacités, peut s'appliquer également à la classe des travailleurs, pourvu toutefois qu'ils ne proviennent point d'un principe vicieux, tel, par exemple, que celui qui tendrait à bouleverser la transmission de la propriété, et à remettre en question un principe sur lequel se fonde l'ordre social depuis son origine. Je sais que tout le monde ne pense pas de même, et qu'il existe à ce sujet de belles rêveries qui, tout en étant le fruit

---

(a) Lunden, homme sans moyens et sans éducation, barbier de Christierne, roi de Suède, favori de la reine Sigibrite, parvint à l'archi-épiscopat par des intrigues de cour.

d'une noble et louable inspiration, n'attireraient pas moins sur nous de très grands maux, si elles pouvaient jamais se réaliser. De tels systèmes seraient tout au plus praticables chez les anges, mais non chez les hommes; et quand on veut une législation qui soit utile à ces derniers, il faut les avoir étudiés dans tous les rangs, être descendu jusqu'aux dernières classes de la société pour les voir tels qu'ils sont, et non tels qu'ils devraient être. Ainsi, il me semble que tout système qui tendrait à déplacer journellement la propriété, et à la mobiliser pour la faire passer à volonté de mains en mains, même aux plus capables de la faire valoir, ne saurait recevoir d'exécution sans de grands désordres. Je sais très bien que l'inégalité de la propriété n'est pas naturelle; mais, comme on l'a déjà observé, « elle est fondée sur la plus puissante des rai-
« sons, et elle est au premier rang des conventions
« humaines : mais elle veut être protégée; car sans
« elle point de société possible. Tous les avantages
« de la civilisation en dérivent; car sans elle il n'y
« a ni émulation, ni société, ni progrès; l'hérédité
« et la transmission sont ses plus brillans attributs. »
Il n'en est peut-être pas de même à l'égard de

la transmission de certains emplois, de certaïnes fonctions publiques, parce qu'aujourd'hui la considération ne s'attache plus qu'aux personnes, et qu'elle est le prix des services, du talent, qui ne sont pas malheureusement héréditaires, et que par conséquent on ne peut confier aux caprices. Toute récompense anticipée, a dit un de nos orateurs, éteint l'émulation. Mais c'est une question que je ne chercherai point ici à approfondir, parce qu'elle demanderait un développement qu'une simple note ne permet pas; c'est d'ailleurs une matière trop épineuse, et que je ne me sens pas la force de traiter.

(7) C'est ici le règne des capacités, dit Hermès, et il a raison de s'en applaudir; mais il faut qu'elles soient convenablement employées; car l'homme le plus capable, s'il n'est pas à sa place, peut devenir l'homme le plus nul qui se soit jamais trouvé. « Par exemple, celui-ci est un anatomiste rationnel, « dit un journal plein d'esprit et de sel; mais don- « nez-lui un bras ou une jambe à raccommoder, et « vous m'en direz des nouvelles. Celui-là est un na- « turaliste achevé; mais faites-lui planter des choux « et greffer un arbre, vous n'aurez ni potage ni

« dessert. Un tel est un profond métaphysicien ; il
« creuse les idées, il les retourne dans tous les sens,
« il les analyse, il les dissèque ; mais que fait cela à
« la pratique des choses? Un homme qui rêve de
« la sorte n'est pas plus propre au maniement des
« affaires, qu'un grand théologien n'est propre à
« faire un curé. Pour conduire le monde, il faut s'y
« mêler : tel vit dans les espaces, et non dans la
« foule. C'est la foule pourtant et non l'espace qu'il
« faut régir. Prenez des hommes qui rodent à terre,
« qui épient les hommes, qui sentent et partagent
« leurs besoins. De ce que vous avez un bon maqui-
« gnon, il ne faut pas en conclure qu'il soit bon co-
« lonel de hussards. » (*Corsaire.*)

CINQUIÈME JOURNÉE.

Voici bientôt trois mois, mon cher Antenor, que je quittai le sol natal pour satisfaire cette soif de voyage dont j'étais depuis si long-temps tourmenté, et qui n'est pas encore prête à se calmer, malgré le nombre de pays et de nations que j'ai déjà parcourus.

Je prolonge ici mon séjour, parce que nulle part je ne trouverais autant de facilité pour mon instruction. Hermès s'est affectionné à moi; il me communique ses lumières avec l'empressement d'un véritable ami; et grace à la solidité de sa conversation, chaque jour, je le sens, contribue au développement de mes facultés intellectuelles. Cet homme, vraiment prodigieux en tout, imprimerait la vie et le mouvement, je crois, à la machine la plus inerte. Que ne puis-je vous transporter dans sa colonie! quelle incroyable activité! on dirait une ruche d'abeilles où chacun, pénétré de ses devoirs et de son utilité, travaille sans relâche pour l'intérêt de tous. Rien de beau, rien de riche comme ses ports ouverts sans restriction à tous les marchands qui se présentent. Sa marine, grace à ses efforts, prend déjà un aspect redoutable, et les troupes qui lui sont destinées ne le cèderont bientôt à aucune autre.

Hier j'allai avec lui visiter le chantier de construction, et m'étant par hasard assis sur les débris d'un vieux bâtiment, je lui témoignai mon admiration pour l'étonnante activité que je voyais régner parmi les ouvriers. — « Vous ne voyez encore rien, me dit-il, j'attends d'ici à quelques jours l'arrivée d'un grand nombre de bâtimens marchands ; c'est alors que vous pourrez vous faire une idée du mouvement qui règne dans nos ports, et de la quantité de monde qui y afflue. Au reste, que cela ne vous étonne pas, la marine est ici encouragée comme tout le reste. La navigation est l'ame du commerce (*a*) ; elle est une source de richesses pour les états qui la protégent. D'ailleurs, elle occupe une infinité de prolétaires qui, n'ayant jamais eu pour patrie que des côtes maritimes, n'ont

---

(*a*) Celui qui est le maître de la mer est le maître de tout, disaient les anciens.

aussi d'autre industrie que celle exercée dans les ports de mer. Ils sont en quelque sorte nés marins; c'est une profession qui est devenue leur élément, et si on ne les occupe dans le genre d'industrie auquel ils sont propres, ils désertent, vont chercher fortune ailleurs, et l'étranger en profite à notre détriment.

« Au surplus, je vous dirai qu'avant notre entrée dans ce pays, la marine y était fort négligée, ou plutôt abandonnée. Ces côtes n'étaient qu'un nid de pirates; il ne faut donc pas s'étonner qu'un art qui veut tant de pratique et de connaissances, soit resté stationnaire. Quoi qu'il en soit, notre premier soin a été de détruire la piraterie, ensuite de nous créer des marins. Les vaisseaux manquent rarement, ou du moins avec des bras et de l'argent, on en construit quand on veut : il n'en est pas de même des gens de mer ; on ne les obtient qu'à force de temps et

de pratique. Dans cette carrière, c'est moins
la valeur des troupes que l'habileté des marins qu'on apprécie ; car il s'agit principalement de gouverner les vents, et de maîtriser
la fureur des vagues : aussi n'avons-nous rien
négligé à cet égard ; il n'est pas jusqu'aux naturels du pays qui n'aient été initiés dans les
premiers élémens de l'art nautique, pour peu
qu'ils y montrassent quelques dispositions,
d'autant mieux que leur inspirer le goût des
voyages, c'était les faire marcher à pas de
géant vers la civilisation (1). Quant à moi, je
me suis appliqué à connaître le côté faible de
notre marine ; j'ai observé sous ce rapport les
nations qui montraient quelque supériorité
sur nous, et je n'ai jamais rougi de leur
devoir les améliorations que je croyais nous
être avantageuses (a). »

____

(a) Les Romains ne devinrent si supérieurs en tout,
qu'en suivant ce principe à l'égard des nations qu'ils
avaient vaincues. Ils les imitaient avec empressement dans

Sur ces entrefaites, je vis entrer dans le port un petit bâtiment peint en vert, mais d'une nuance si parfaitement semblable à celle de la mer, qu'il semblait se confondre avec cet élément, de telle sorte qu'il avait long-temps échappé à ma vue; du reste si fin voilier, qu'on eût dit qu'il volait sur les eaux. « Ce bâtiment, me dit Hermès, est destiné à un service particulier, il est chargé de toutes les découvertes que nous avons à faire. Aussi, ne pouvait-on le revêtir d'une couleur plus favo-

---

toutes les choses où elles excellaient. C'est ainsi que, sans aucune connaissance de la mer, ils s'y mirent peu-à-peu en imitant d'abord une galère couverte qu'ils avaient prise aux Carthaginois. Ils étudièrent ce modèle, s'y conformèrent rigoureusement, et en 60 jours ils construisirent une flotte de 100 galères à 5 rangs, et de 20 à 3 rangs; flotte qui a fini, comme l'histoire l'atteste, par vaincre les Carthaginois, leurs maîtres dans l'art de la navigation. Voilà comme ils devinrent marins et com- merçans, voilà comme, après la bataille d'Actium, Rome se trouva maîtresse de la Méditerranée aussi bien que de toutes les parties navigables de l'Océan.

rable; voiles, cordages, charpentes, tout absolument est de la même nuance, sans en ex-
cepter même l'habillement des marins et des
soldats. A l'aide de ces petits bâtimens, nous
pouvons, par un temps brumeux, échapper
aux regards de l'ennemi et pousser des reconnaissances aussi loin que possible (*a*). » Cette
idée me plut assez, et j'approuvai Hermès de
se l'être appropriée. « J'ai encore adopté un autre usage, me dit-il, c'est de réunir dans les
gens de mon équipage deux services entièrement étrangers l'un à l'autre; ainsi tout à la
fois soldats et marins, tantôt vous les verrez,
au coup de fusil, signaler leur adresse et leur
courage, tantôt déployer, dans les manœuvres
compliquées de la marine, l'habileté et le savoir des gens de mer les plus consommés (*b*).

(*a*) C'est une idée qu'on attribue aux peuples de
Vannes, et qui fut adoptée par les Romains. Ne pourrait-
elle pas encore de nos jours recevoir son application?

(*b*) Anciennement les Grecs, au rapport de Thucy-

Par ce moyen, j'évite les embarras d'un équipage trop nombreux, et j'obtiens un meilleur résultat avec moins de monde.

«Du reste, il n'est rien que notre métropole ne fasse pour stimuler l'ardeur et l'amour-propre de nos marins. Elle leur accorde une protection toute particulière; fortune, distinctions, honneurs, il n'est pas d'encouragemens que ne reçoivent ceux qui se distinguent dans cette profession si importante à la prospérité des nations(2). Une police sévère s'exerce ici pour les protéger contre tout ce qui pourrait nuire au développement de leur industrie. C'est peu ; elle les exempte encore de toute espèce d'impôts et de taxes, auxquels reste assujétie la classe marchande, par la raison que celle-ci

---

dide, faisaient ainsi les fonctions de soldats et de rameurs dans leurs vaisseaux, et les Romains ne manquèrent pas de les imiter encore en cela. Aujourd'hui cet usage est encore en vigueur chez les Tunquinois.

poursuit une carrière lucrative qui la dédom-
mage suffisamment de tous les risques qu'elle
court, tandis que les périls seuls sont le
partage de l'autre. Du reste, ils ont droit
à la même retraite que nos vétérans, et sont
colonisés comme eux. Ces terres que vous voyez
dans ces parages, les plus rapprochées des
côtes, leur appartiennent en propriété. C'est
là que leur colonie se trouve établie. J'ai pensé
que le spectacle de la mer, sans cesse présent
à leurs yeux, réveillerait de bonne heure, dans
leurs enfans, ce goût irrésistible qui détermine
la vocation du marin. S'il est vrai qu'en nais-
sant nous apportions au physique certains
traits de ressemblance avec nos parens, pourquoi se refuserait-on à croire que même phé-
nomène puisse se représenter au moral? Pour
moi, convaincu par une foule d'exemples que
nous naissons plus ou moins bien organisés
pour telle ou telle vocation, s'il me faut des
marins, je les irai chercher dans cette pépi-

nière formée de tous les vieux marins que de bons et loyaux services ont signalés dans la carrière. L'éducation que recevront les enfans, les exemples journaliers qu'ils auront sous les yeux, enfin, mille circonstances fortuites qui échappent à la sagacité humaine, achèveront le développement des premières dispositions : car il serait absurde de penser que les enfans, par exemple, soient bons marins par cela seul que leurs pères l'ont été. »

Maintenant, vous demanderai-je, quel système suivez-vous à l'égard des indigènes? « Le même, me répondit-il vivement; ils sont indistinctement colonisés avec les nôtres. Les seules obligations qui leur soient particulières, c'est d'aller servir quatre ans dans les ports de notre métropole pour achever de détruire en eux cette rouille des préjugés qui, de tout temps, a été si contraire aux progrès de l'esprit humain. Ils sont également exempts de toute espèce d'impôts, avantage qui les invite à suivre de père en fils la même carrière (*a*). Tel est le système que nous suivons pour encourager notre marine et lui rendre son ancienne splendeur : car telle nation se livre avec succès à quelque industrie particulière, qui l'abandonne bientôt, si toute impulsion cesse de lui être donnée (*b*). Une flotte imposante ne sera pas moins utile à notre métropole qu'à sa colonie, quand ce ne serait que pour surveiller nos

---

(*a*) Sous Théodose, il y avait une servitude affectée aux terres des mariniers ; c'était de soumettre les nouveaux acquéreurs aux mêmes obligations que les anciens. Ainsi, ils devaient exercer la même profession (THEOD. COD., liv. 13, tit. 6, leg. 5.) Au reste , les lois romaines ont toujours été très favorables aux citoyens qui se livraient à la construction des vaisseaux ou au commerce du blé. L'exemption des contributions en était presque toujours la récompense.

(*b*) Les Arabes n'ont point la réputation de marins ; cependant ils ont fait la guerre sur mer, car sous l'empereur Constant, l'an de notre ère 639 , ils chargèrent les mers d'une flotte de 1,700 voiles, et se rendirent maîtres de l'île de Chypre.

côtes et prévenir toute invasion étrangère (a).»

Hermès parlait encore, quand j'aperçus au loin une multitude de petits canots qui voguaient en pleine mer avec une rapidité incroyable; des sauvages les dirigeaient, et, trafiquant de quelques denrées propres à leur pays, ils gagnèrent bientôt les côtes, et vinrent nous proposer des échanges aussi avantageux pour nous que pour eux. Leurs principales marchandises consistaient en plumes d'autruches, en maroquins, en gommes, en dattes fraîches. « Ces petits canots que vous examinez, me dit Hermès, ne sont plus connus aujourd'hui; il y a deux mille ans qu'on en faisait un grand usage dans ces contrées pour franchir quelques bras de mer peu étendus. J'ai essayé de les faire connaître ici, afin de donner à ces sauvages le moyen de nous

____

(a) C'est ainsi que les Romains entretinrent une flotte de 40 voiles dans le Pont-Euxin, pour prévenir toute invasion de la part des nations voisines.

apporter, à peu de frais, les denrées de leur pays. Examinez-les attentivement; ils sont d'une construction facile et peu coûteuse; les uns sont d'une seule pièce de bois, les autres de joncs tissus ou cousus ensemble et recouverts de cuir. Ils se plient et se transportent à volonté (*a*). »

Cependant Hermès me proposa de nous éloigner de la mer et de diriger notre promenade du côté de la campagne, ce que nous exécutâmes à l'instant. En quittant le port que j'avais examiné dans les moindres détails, je lui témoignai mon admiration pour l'état de prospérité où je voyais sa marine marchande.

(*a*) Ces canots étaient d'un grand usage chez les Éthiopiens, lorsqu'ils faisaient le commerce à la ville de Coptos. Ils se fabriquaient à Rhapta, ville d'Azénio en Éthiopie, d'où vient le nom de Rhaptum, donné au cap de la ville de Rhapta, qui signifie coudre. Les Anglais et les Saxons, au temps de César, en avaient aussi de semblables, avec cette différence, qu'ils les recouvraient de cuir, comme je l'indique ici.

« L'impulsion que j'ai cru devoir donner à cette
branche d'industrie, me dit-il, a sans doute
été avantageuse à notre commerce maritime;
mais si le gouvernement ne m'avait pas se-
condé, nous ne serions guère plus avancés
sous ce rapport. Ce sont les clauses stipulées
avec les autres puissances qui ont le plus contribué à cet état d'amélioration que vous remarquez : ainsi, par exemple, la métropole en
obtenant que nos navires fussent reçus aux
mêmes conditions que les nations les plus favorisées, pensez-vous que cette clause ait eu
peu d'influence sur notre commerce maritime (*a*)? et celle-ci qui nous est particulière,
par laquelle il est enjoint aux bâtimens de notre colonie de n'y rentrer qu'en arrivant di-
rectement des ports de la métropole, croyez-

______

(*a*) C'est ainsi que les Anglais, et anciennement les
Carthaginois, ont toujours eu soin de stipuler avec les
autres nations; et cette clause a été une des principales
causes de leur prospérité commerciale.

vous qu'elle ne soit pas cause, en partie, de tout ce mouvement que vous lui voyez imprimé (*a*)? Une mesure encore non moins favorable au commerce, c'est de faire fréter nos navires pour le compte d'autrui. J'en pourrais citer plusieurs autres aussi avantageuses, mais celles-ci me semblent suffisantes. Enfin, l'impulsion est telle, ici, qu'il n'est pas de négociant qui ne s'ingénie chaque jour pour tirer parti de ses courses même les plus infructueuses; aussi, nous est-il souvent arrivé d'avoir des marchandises étrangères au même prix qu'on les aurait eues sur les lieux (*b*). Ainsi, grace

---

(*a*) Ceci a besoin d'éclaircissement; mais j'aime mieux renvoyer mon lecteur à une excellente brochure qui a paru, il y a quelque temps, sur la colonisation d'Alger par **M. Montaigne.**

(*b*) Par exemple, si, faute de marchandise, un négociant est obligé de lester son bâtiment, et que pour ce lest il emploie du marbre ou autres marchandises propres à remplir cet objet, il est clair que le transport de ces marchandises n'ayant rien coûté, il pourra les laisser au même prix qu'il les a eues sur les lieux. C'est ainsi que font les négocians hollandais.

aux efforts de notre métropole, cette ville peut devenir, un jour, la plus florissante de toutes les villes du monde (*a*), surtout depuis la destruction de ces bandes de pirates qui infestaient les mers : car est-il quelque industrie qui puisse réussir, s'il n'est aucune sécurité pour celui qui l'exerce ? — Mais que sont devenus ces pirates après leur défaite ? — J'ai pourvu à leur subsistance physique, tout en

---

(*a*) Les succès obtenus par la compagnie des Indes prouve jusqu'à quel point le commerce maritime peut être avantageux à une nation. Avant cet établissement, la France payait un tribut énorme à ses voisins pour se pourvoir de certaines denrées qui lui manquaient. Je pourrais citer une foule d'exemples qui viennent à l'appui de cette assertion. Dans quelles circonstances Corynthe devint-elle une des villes les plus florissantes de la Grèce ? N'est-ce pas du moment où les Corynthiens, après avoir chassé les pirates, construit une flotte, se mirent en tête de devenir puissance maritime ? A qui la ville du Caire, bâtie en 984 de notre ère, est-elle redevable de cet état de prospérité qui l'a rendue en quelque sorte la rivale de Constantinople ? N'est-ce pas au commerce maritime ?

leur interdisant une odieuse industrie ; il était juste de la remplacer par une autre. On leur a ouvert un asile dans une des dépendances de ce territoire ; des terres à cultiver leur ont été distribuées, enfin, peu à peu, ils se sont accoutumés aux douceurs de la vie privée. Nos bons procédés envers eux ont fait en cela beaucoup plus que nos armes ; aussi les comptons-nous déjà au rang de nos meilleurs voisins *(a)*. »

Cependant, en quittant les bords de la mer, nous rencontrâmes une vallée riante et fertile, où se trouvait située la colonie de marins dont je vous ai parlé. J'y remarquai une grande quantité de chenevières cultivées

---

(a) C'est ainsi que Pompée en usa avec les pirates dont il avait purgé la Méditerranée ; il leur donna des demeures fixes et des terres à cultiver, telle fut l'origine de Pompéïopolis. Peu à peu ces peuples farouches dépouillèrent la férocité de leur caractère, et, vaincus par les bons procédés, finirent par se prendre d'affection pour ceux-là même qui les avaient vaincus.

avec le plus grand soin. « Vous examinez là un produit, me dit Hermès, dont j'encourage la culture, parmi ceux-là même qui en ont le plus senti l'utilité; c'est du chanvre, objet de première nécessité pour les cordages de notre marine. Heureusement pour nous, cette plante s'accommode très bien de notre climat; car sa graine transportée du nord au midi, n'en réussit que mieux. Je ne vois pas pourquoi, au lieu de la perfectionner par la culture, nous irions la chercher chez nos voisins. Dieu merci! les produits textiles, comme vous voyez, ne nous manqueront pas, tant pour notre marine, que pour celle de notre métropole. »

Sur ces entrefaites, un nombre considérable de chariots passa devant nous en suivant la direction de la mer. La vitesse avec laquelle je les vis cheminer, fixa mon attention sur un objet qui avait échappé à mon observation; je veux parler des chemins de fer déjà en usage dans la colonie (3). « Voilà des marchandises, me dit alors Hermès, que nous expédions à la métropole. — Elle ne tardera pas à les recevoir, repris-je aussitôt ; car la traversée n'est pas longue pour arriver au lieu de leur destination ; et, une fois entreposées dans ses ports, les consommateurs ne tarderont pas à se présenter. — Qu'entendez-vous par là, reprit Hermès ? vous êtes dans l'erreur, je le vois : notre métropole ne connaît plus de pareils priviléges ; ses entrepôts sont aussi bien dans l'intérieur que dans ses ports ; car pourquoi les villes maritimes jouiraient-elles exclusivement d'un avantage si considérable ? Ne serait-ce pas nuire ouvertement à l'intérêt public ? Ce système, à la vérité, est tout récemment adopté par elle ; mais il a parfaitement réussi, parce que l'assentiment d'un pays ne manque jamais aux dispositions qui se fondent sur le bien public (4). »

En discourant de la sorte, nous arrivâmes

au pied d'une chaîne de montagnes qui termi-
nait la vallée pittoresque que nous venions de
traverser. Hermès me proposa de visiter un
haras qui se trouvait situé dans ces montagnes, et auquel il attachait une grande importance ; j'acceptai sa proposition, et nous
dirigeâmes notre promenade de ce côté.

Déjà nous arrivions à un immense plateau couronné d'une antique forêt qui, en
s'étendant à perte de vue sur cette chaîne de
montagnes, y maintenait partout un délicieux
ombrage. Des eaux fraîches et cristallines
jaillissaient avec fracas du sommet des rochers,
et, de chute en chute, arrivaient en serpen-
tant sur le tapis embaumé d'une verte prairie,
pour aller, de là, se réunir dans un vaste
abreuvoir, que la nature semblait avoir creusé
tout exprès. J'admirai d'abord un site si pittoresque, et l'immense horizon qui s'ouvrait à
ma vue. Au loin j'aperçus, au pied de cette
chaîne de montagnes, de jeunes coursiers qui

bondissaient dans une immense étendue de terrain, traversée de landes, de forêts, de bruyères. « Voilà, me dit Hermès, l'emplacement que nous avons choisi pour établir l'un de nos principaux haras, espèce d'établissement fort encouragé dans ce pays, parce qu'il donne lieu à un genre d'industrie d'un haut intérêt pour tout état bien gouverné. Cette immense étendue de landes et de bruyères que vous remarquez, est consacrée à l'établissement de ceux que nous appelons haras sauvages; celui que vous voyez établi sur ce vaste plateau, est du genre de ceux qu'on nomme haras privé. Au surplus, cette contrée convenait sous tous les rapports, et nul climat n'est plus favorable à l'éducation de ce fier et fougueux animal que nous associons à nos périls et à notre gloire. Aussi notre métropole est-elle dans l'usage de tirer de ce pays les chevaux dont elle a besoin pour ses armées, et principalement pour sa cavalerie légère ; car la race qu'on y propage est sans contredit la plus propre à cette arme, dont la célérité fait le principal mérite. Du reste elle y trouve un double avantage, d'abord d'excellens chevaux, et puis quelques millions de moins à exporter à l'étranger pour ses remontes de cavalerie; et en cela elle agit d'après les principes d'une sage économie, qui consiste à ne point acheter au-dehors des productions qu'on peut cultiver chez soi (a). En fournissant de bons chevaux à l'étranger, qu'arrive-t-il ? Que non seulement elle arrête l'exportation de son argent, mais encore qu'elle procure au commerce de nouveaux moyens de prospérités. Il n'est pas jusqu'à l'agriculture qui ne se ressente aussi des améliorations

---

(a) Règle générale, toute importation de productions étrangères est préjudiciable, même dans le cas où l'on ne saurait s'en passer; au contraire, l'exportation de celles dont on peut se passer fait l'avantage le plus réel d'un pays.

survenues dans la race chevaline ; car il ne lui
est guère possible de prospérer avec de mauvais chevaux (*a*) ; et quant au simple agricole,
il s'adonnera avec d'autant plus d'ardeur à ce
genre d'industrie qu'il lui sera doublement
profitable, soit par le service qu'il retirera des
chevaux même dont il aura entrepris l'éducation (*b*), soit par la valeur qu'il aura su leur
donner en les portant au plus haut point de
perfection possible.

(*a*) On fait plus d'ouvrage avec quatre chevaux qu'a-
vec douze bœufs, à cause de l'excessive lenteur de ces
animaux. D'ailleurs, les chevaux sont indispensables
pour toute espèce de labour dans les terres fortes et
pierreuses.

(*b*) Ce serait mal entendre l'économie rurale que de
ne pas s'en servir ainsi, pourvu qu'on ne les fatigue pas.
Les paysans ne devraient même élever que des jumens
poulinières, parce qu'elles travaillent autant que des chevaux entiers, supportent mieux la fatigue, et que tous les
ans elles peuvent avoir un poulain. Seulement quinze
jours après leur accouchement, il est quelque ménage-
ment à garder, mais c'est précisément à une époque

« Mais de tels établissemens, me direz-vous, ne peuvent se maintenir qu'à grands frais ; j'en conviens, du moins jusqu'à un certain point : il s'agit de savoir si cette dépense à faire une fois pour toutes, excéderait celle qu'on ferait à l'étranger pour des remontes de cavalerie, toutes les fois que les besoins l'exigeraient ; je ne le pense pas ; je ne crois pas même que ces premiers déboursés approchassent des sommes qu'on exporterait pour se procurer une quantité suffisante de chevaux. Oui, je le répète, les haras sont coûteux ; mais combien notre métropole se trouve-t-elle indemnisée de ses avances, par cette nouvelle source de prospérité qu'elle ouvre

---

(mars et avril) où les travaux de la campagne sont le moins pénibles. Au reste, cet avantage n'appartient point aux haras nationaux : on ne peut faire labourer une belle jument propre à faire race, et en outre les travaux d'un grand labourage s'accordent peu avec les soins d'un haras.

dans son propre sein (*a*). Après tout les gouvernemens doivent-ils calculer comme de simples particuliers, qui ne voient jamais que l'argent qui sort de leur bourse, et qui n'y rentre point? Ne doivent-ils pas considérer que, par rapport à l'intérêt général, cet argent ainsi employé est un fonds qui doit rester dans le pays, et que par conséquent le produit qui en résulte est un bénéfice réel pour eux?

« Quant aux difficultés, sont-elles donc de nature à faire abandonner de pareilles entre-treprises? Les chevaux, comme on sait, ont une universalité de pays qui rend leur éducation praticable dans toutes les contrées de la terre. Les soins en font la base essentielle; et c'est précisément pourquoi les haras réguliers sont d'une si haute importance, en tant qu'on veut arriver à de véritables résultats : car telle

____

(*a*) Ne doit-on pas encore faire entrer en ligne de compte l'espèce d'engrais qu'ils fournissent?

est leur influence partout, qu'il n'est pas de pays, je crois, où l'on puisse espérer de véritable amélioration dans la race chevaline, si l'on n'a recours à ce moyen-là ; d'autant mieux que le principal but des haras consiste moins à augmenter le nombre de chevaux, qu'à en perfectionner l'espèce. Il est vrai de dire cependant que le climat influe assez sur eux pour les diversifier plus ou moins, selon la différence des pays qu'ils habitent ; mais ces modifications locales ne sont pas telles qu'il faille renoncer à leur éducation ; au contraire il est prouvé que partout où la nature fournit de bonne eau et de bons pâturages, cette éducation réussit toujours bien. »

Ici, j'interrompis Hermès. Quand vous aurez obtenu un grand nombre de chevaux, même excellens, lui dis-je, n'est-il pas à craindre que l'état n'en soit bientôt trop surchargé, et que cette superfétation ne fasse à la fin renchérir les fourrages et l'avoine, au point que les frais de ces établissemens n'en soient prodigieusement augmentés? Et alors qu'arriverait-il? que les particuliers adonnés à ce genre d'industrie l'abandonneraient pour ne point courir de chances, aimant mieux nourrir tous autres bestiaux que d'élever des chevaux. « Sans doute, reprit Hermès, et j'ajouterai même que ce surcroît serait bientôt cause d'une décadence sensible dans la race chevaline. Mais ne sera-t-il pas exporté? et craignons-nous que de tels produits une fois perfectionnés restent chez nous sans amateurs, quand déjà nous voyons nos voisins se les disputer entre eux, et nous apporter tout leur argent pour nous débarrasser de ce superflu? Cette appréhension est donc vaine, d'autant mieux que c'est encore là un principe d'économie, qu'il faut se défaire de tous les chevaux inutiles, et restreindre autant que possible le nombre de ceux qui, par leur destination , sont nuisibles à la prospérité d'un état (*a*).

«Les haras, vous ai-je dit, ayant pour but la perfection des races plutôt que leur accroissement, ce serait manquer ce but, ignorer les premiers principes de l'économie rurale, que de s'occuper de races inférieures; car tout mauvais cheval, calcul fait de son travail et de son peu de valeur à la vente, coûte plus que

---

(*a*) Tels sont, en général, les chevaux de luxe et de carrosse; leur éducation contribue d'une manière sensible au déclin de l'agriculture, puisqu'elle force en quelque sorte le cultivateur à l'abandonner pour ensemencer d'avoine et de prairies artificielles des terres qui étaient en grande partie consacrées à la culture du blé, ce qui, nécessairement, doit faire renchérir les céréales. Ainsi, leur utilité seule dans un pays est le baromètre qu'il faut consulter pour déterminer le nombre de ceux qu'on y doit conserver. Une fois les besoins du commerce et de l'agriculture déterminés, il est facile de connaître le surcroît dont il faut se débarrasser; mais il est vrai de dire que si un trop grand nombre de chevaux nuit aux revenus de l'état, il n'est pas moins constant qu'un nombre insuffisant diminue sa force et sa sûreté.

deux bons : aussi ne doit-on s'appliquer qu'à l'éducation des meilleures races. C'est à l'état à pourvoir le pays d'excellens étalons. Qu'il sache encourager ce genre d'industrie parmi les particuliers, soit en leur procurant tous les moyens possibles de perfectionner leur produit, soit en leur offrant de nombreux débouchés pour s'en défaire, et nul doute qu'il ne parvienne à de grands résultats. Toutefois, comme on n'y arrive point par la connaissance seule des chevaux, et qu'il est à cet égard certaines considérations d'un intérêt général et politique (*a*), il importe à tout gouvernement de se réserver la surveillance et la haute main sur ces sortes d'établissemens. Dans cette colonie, ils sont l'objet d'une inspection de police à laquelle rien ne peut les

(*a*) Ainsi, avant d'établir un haras, il faut préalablement consulter l'intérêt du pays, étudier le caractère national, les qualités physiques de telle ou telle contrée.

soustraire, et leur existence (telle est la dé-
cision par notre métropole) dépend entièrement du concours simultané de deux minis-
tères, l'un chargé du matériel, l'autre du
personnel; tant le gouvernement attache d'importance à ces sortes d'établissemens !

« Un département a été formé exprès pour
eux, entièrement isolé de toutes les autres
parties de l'administration. A sa tête se trouve
placé un officier général choisi parmi les plus
distingués dans l'arme de la cavalerie, et le
plus capable, par l'activité de son génie et
l'étendue de ses connaissances, de donner
à cette branche d'industrie toute l'impulsion
qu'elle mérite. Sous son influence immédiate
se trouvent les principaux officiers chargés des
détails de la machine ; une longue expérience,
des connaissances appropriées à leurs fonctions, ont été les seuls titres de recommandation qui aient fixé le choix du gouvernement.
C'est avec cette constante sollicitude, cette

active vigilance qui ne s'éclaire que du flambeau de l'expérience, que nous sommes parvenus à l'extinction de toutes les mauvaises races qui ruinaient cette contrée (*a*). Les particuliers eux-mêmes étaient trop intéressés au succès, pour ne pas seconder nos efforts de tout leur pouvoir. Les encouragemens et la protection spéciale que leur accorde notre métropole, le prix de leurs chevaux qui augmente par suite d'une bonne éducation, suf-

---

(*a*) Rien ne serait si facile dans le territoire d'Alger que d'arriver à un semblable résultat. L'Afrique est une vaste péninsule qui ne tient au continent que par l'isthme de Suez, dont l'étendue est d'environ cinquante lieues. Or, ce n'est pas de cette partie du globe, isolée en quelque sorte de toutes les autres, que nous arriveront les mauvaises races de chevaux. Ne pourrait-on pas, à l'aide de quelques bons réglemens de police, empêcher l'introduction de tout cheval étranger, pour éviter tout mauvais mélange? Il me semble qu'au bout de quelques années, on parviendrait par ce moyen à remonter toute notre cavalerie avec ce qu'on appelle des chevaux de pur sang, puisque l'étalon barbe ou arabe est le seul avec lequel on ne doive pas observer le croisement des races.

fisaient pour stimuler leur zèle et leurs soins : aussi la bonne éducation adoptée dans nos haras, est-elle devenue en peu de temps universelle. Il est vrai que l'état, en pourvoyant le pays d'étalons, exige des particuliers une indemnité en dédommagement des frais qu'il est obligé de faire pour l'entretien de ces établissemens ; mais elle est toujours proportionnée aux prix des chevaux, et aux facultés pécuniaires des contribuables. Cette indemnité est trop juste, trop minime pour éloigner de ce genre d'industrie quiconque voudrait s'y livrer. Au contraire les encouragemens sont de nature à séduire le moindre habitant de nos campagnes (a). Ainsi, par exemple, il est

---

(a) Pour encourager davantage ce genre d'industrie, il faut bien se garder de limiter le nombre des propriétaires d'étalons, et leur donner le droit exclusif de faire saillir chacun dans le canton qui leur aura été assigné, en fixant un prix raisonnable pour la monte et accordant quelque immunité, si l'on veut, en dédommagement des peines et des risques auxquels ils sont généralement exposés.

des primes établies pour ceux qui peuvent justifier avoir vendu au plus haut prix à l'étranger un cheval du pays. Enfin, pour ne négliger aucuns moyens d'émulation et d'encouragement, le commerce de chevaux, soit ici, soit au-dehors, n'est soumis à aucune espèce de restriction (*a*). Aussi les habitans de cette colonie n'ont-ils pas tardé à se convaincre des vues bienfaisantes du gouvernement ; il n'en est pas un qui ne reconnaisse la sagesse de nos réglemens, soit pour arriver à l'extinction des mauvaises races, soit pour empêcher toute soustraction de chevaux à l'inspection générale qui a lieu ici toutes les années (*b*). »

***

(*a*) Il faut toujours sous-entendre le cas où des circonstances extraordinaires exigeraient que la sortie en soit défendue.

(*b*) Si on a l'intention d'établir des haras dans le pays d'Alger, on devra nécessairement viser à l'extinction des mauvais chevaux, et par conséquent songer à renouveler entièrement la race chevaline qui s'y trouve abâtardie depuis des siècles par l'incurie des habitans. On peut

Cependant nous touchions aux portes du haras situé sur le plateau, quand le directeur de l'établissement, nommé Euler, instruit de l'arrivée d'Hermès, vint à notre rencontre, et nous engagea à visiter son haras dans tous ses détails. Deux grands propriétaires de la colonie s'y trouvaient en même temps que nous. Hermès les connaissait particulièrement ; il les questionna sur la situation de certains établissemens de ce genre qu'ils avaient fondés

---

y parvenir de différentes manières ; mais un des meilleurs moyens pour atteindre ce but, serait, je crois, de soumettre à une visite générale et annuelle tous les chevaux qui s'y trouveraient, et d'en constater le nombre dans chaque district, sur une liste bien et dûment établie avec désignation de leurs propriétaires, et mention exacte de tous les chevaux absens. De même un peu avant le temps de la monte, pareille revue aurait lieu de tous les chevaux du pays, quels qu'ils fussent ; et des inspecteurs spéciaux procéderaient à une description exacte de chaque cheval, pour établir ensuite des tableaux particuliers avec indication des chevaux entiers et des jumens destinées à la propagation, qui, à la visite, auraient été trouvées propres à cette opération.

depuis peu de temps dans le pays; la conversation s'engagea, et enfin tous les trois tirèrent de leur côté, et me laissèrent seul avec Euler, que déjà je me sentais fort disposé à écouter, quand tout-à-coup je vis s'élancer à travers des rocs escarpés un jeune coursier, plus fougueux, plus indompté peut-être que le fameux Bucéphale, quoique fort petit de taille, et d'assez chétive apparence : « Ce jeune cheval que vous examinez, me dit Euler, appartient à ce haras sauvage établi dans cette vaste étendue de terrain couverte de landes et de forêts. La population de ce pays n'étant pas suffisante pour le cultiver, nous tirons parti de ces terres incultes en les abandonnant à une race de chevaux entièrement sauvage. Là, sans cesse livrés à toute l'intempérie des saisons, ils n'ont d'autre pâture que celle que la terre fournit d'elle-même, et d'autre abri que le dôme de ces forêts aussi sauvages qu'eux; du reste, aucuns soins, aucune culture : aussi se

15.

ressentent-ils de cet état d'abandon ; car il
n'appartient qu'à l'homme de perfectionner
les productions de la nature. Ils n'ont pas,
comme vous voyez, ces formes élégantes que
vous remarquez dans les autres chevaux ; ils
sont en général petits et vilains ; mais en re-
vanche ils sont plus souples, plus nerveux,
plus endurcis à la fatigue, ce qui les rend propres à un genre de service particulier à certaines bandes irrégulières que vous verrez
quelquefois guerroyer dans ce pays pour leur
propre compte. Mais, je le répète, ces haras
ne sont bons tout au plus qu'à utiliser le terrain d'un pays encore peu peuplé. Les haras
privés sont préférables sous tous les rapports ;
c'est là seulement que vous obtiendrez une
belle race de chevaux. Et, après tout, que
faut-il pour les établir ? Un herbage même
médiocre, pourvu qu'il ne soit point maréca-
geux, une eau fraîche et claire, un terrain assez spacieux pour le nombre de chevaux qu'on

y veut nourrir (*a*) : voilà à la rigueur ce qui est exigé.

«Toutefois la qualité de l'herbe est une chose essentielle; car la nourriture influe autant que l'air, autant que l'eau, sur la trempe des chevaux. L'herbe fine et courte les rend allègres, forts, nerveux; ceux nourris dans des pâturages humides sont lourds, grossiers, paresseux (*b*). Je n'entends pas toutefois les tenir dans des landes; mais des terres sèches et maigres sont les seules qui leur conviennent parfaitement.

« En général, nous préférons les montagnes

(*a*) La quantité de terrain doit être assez considérable pour que les chevaux puissent changer de place et que la dernière mangée ait le temps de se rétablir. Au reste, la grandeur et la bonté du pâturage déterminent seules le nombre de chevaux qu'on y doit mettre.

(*b*) Ils ont de plus le sabot large et plat, effet qu'on peut attribuer à l'humidité du sol, qui en ramollit la corne, tandis que les autres, elevés dans les terrains secs et maigres, ont le sabot petit et bien fait, les jarrets souples et nerveux.

aux plaines pour l'établissement de nos haras, consultant en cela le penchant naturel des chevaux pour les hauteurs, où l'herbe est communément plus savoureuse, plus salutaire que nulle autre part ; d'ailleurs ceux des montagnes sont plus estimés pour leur vigueur ; leurs membres s'y développent mieux ; leurs muscles acquièrent plus de force et de souplesse ; la taille reste mince et déliée ; ils sont vifs, robustes, courageux, qualités qu'il faut attribuer soit à la pureté de l'air, soit à l'eau toujours claire et fraîche dont ils s'abreuvent (*a*), soit à la qualité de ces herbes aroma-

----

(*a*) Il importe de les accoutumer de bonne heure à l'eau des montagnes qui est fraîche et dure, pour prévenir les accidens, lorsqu'ils viennent à changer de lieux. Les eaux dures sont chargées de matières minérales. On les corrige par des conduites et des chutes, car plus l'eau des montagnes est battue, meilleure elle est. Du reste, la qualité de l'eau influe à tel point sur le tempérament des chevaux, que souvent, si elle n'est convenable, ils en restent petits et jarretés.

tiques qui croissent ordinairement dans les montagnes (*a*), soit enfin à cet exercice journalier qu'ils sont obligés de faire pour monter ou descendre. »

Sur ces entrefaites, deux étalons d'une encolure élégante et hardie, pressés par le harassier, se dirigèrent de notre côté, caracollant, bondissant dans les pâturages, ou comme deux rivaux lancés dans la carrière, se disputant le prix de vitesse et de légèreté ; ils dévoraient l'espace (*b*). C'est bien là, m'écriai-je, ce superbe et fougueux animal que le ciel semble avoir créé pour être le compagnon de notre gloire et de nos travaux ! Tout à la fois l'orgueil et l'instrument des batailles, il aime, il recherche le bruit des armes, le tumulte des

---

(*a*) Les Norwégiens font un si grand cas de l'herbe qui croît sur le sommet des montagnes, qu'ils ont le plus grand soin de s'en approvisionner durant la belle saison pour en nourrir leurs chevaux pendant l'hiver.

(*b*) Les Arabes, pour exprimer cette vitesse, les appellent dans leur langue des avaleurs de terre.

camps ; rien n'arrête sa bouillante audace ; le péril a de l'attrait pour lui, et l'on dirait que les nobles sentimens dont le guerrier est animé se communiquent à lui avec la promptitude du fluide électrique. J'admirais ces formes élégantes, cette taille fine et déliée, qui le distinguent des autres animaux ; cette robe soyeuse et luisante où s'empreint le signe de la santé et de la vigueur ; cette docilité à obéir soit à la voix (*a*), soit au frein qui gourmande sa bouche ; cette vitesse inconnue même aux vents (*b*), enfin cette force incroyable qui le rend propre à différens usages (*c*). « Le choix

---

(*a*) On sait qu'anciennement les Numides couraient à un sur leurs chevaux, et s'en faisaient obéir comme des chiens. Tout le monde connaît les prodiges de Franconi à cet égard.

(*b*) On a vu des chevaux qui ont fait 54 pieds en une seconde, ou 4 milles en six minutes six secondes. L'arabe surtout se distingue par sa vitesse qui surpasse celle de l'autruche ; on en a vu même qui devançaient le vent.

(*c*) En Angleterre, les chevaux de trait, appelés chevaux de meuniers, traînent communément 980 livres.

des étalons, me dit Euler, est de la plus haute importance pour la propagation des races; aussi faut-il y apporter une attention scrupuleuse, non seulement sous le rapport de la perfection des formes, mais encore sous celui des qualités morales. Il faut, dès leur première jeunesse, étudier leur humeur, leur caractère. C'est principalement au pâturage que se décèle leur naturel. Quand vous les voyez d'habitude marcher en tête de la troupe, les premiers donner l'exemple, signaler leur jeune courage au passage d'un pont, d'une rivière, alors fixez votre choix; ils ne démentiront point le noble sang dont ils descendent. Mais il faut avant tout bien fixer leur destination : car le principal but des haras, c'est de fournir des chevaux propres à chaque usage. Par exemple, ne serait-il pas absurde de prendre pour type d'un cheval de selle un cheval de trait? Pesant et nerveux par sa nature, et par cela même propre au service du roulage, est-il possible qu'il puisse communiquer à ses descendans les qualités du cheval de selle, qui doit être vif, fin et délié (a)? Non, certainement : il est même des combinaisons à observer dans le croisement des races, pour obtenir des chevaux propres à l'usage auquel on les destine.

« Sans doute, dans le principe, il n'a dû exister qu'un seul type, qui a été le cheval barbe ou arabe; car l'Afrique, de tout temps, paraît avoir été la véritable patrie du cheval, du moins autant qu'on le peut croire, puisqu'il est impossible de trouver des chevaux proprement dits sauvages, ceux des haras de ce nom descendant tous des chevaux privés. Dès les temps les plus reculés, on voit cet animal dans

---

(a) On distingue de même la trempe d'un cheval de hussard et celle de dragon ; au reste, la crue d'un cheval, la finesse ou la grossièreté de ses parties, même son humeur, déterminent son usage.

l'état de domesticité (*a*); mais comme il a une espèce d'universalité, il est arrivé que, du moment où il a été transporté de sa patrie primitive dans les autres parties du globe, il a commencé à perdre peu à peu cette espèce d'originalité qui lui était particulière. Le type s'est diversifié plus ou moins, selon la nature du climat où il a été transporté : ajoutez à cela l'état de domesticité où il a vécu de tout temps, le mélange des différentes races survenu par suite de cette émigration, la nourriture, la manière différente de vivre, et vous vous rendrez raison de la variété que vous remarquez dans les qualités physiques et morales des chevaux, dans leurs

(*a*) Les anciens peuples de l'Afrique avaient connu la Grèce et y avaient amené de leurs chevaux dès les temps les plus reculés. 1450 ans avant notre ère, les rois du pays de Canaan avaient de la cavalerie dans leur armée, et 2200 ans avant cette époque, Orus, fils d'Osiris, inventa l'équitation.

formes, dans la couleur même de leur robe (*a*).

« Ainsi, je le répète, le choix des chevaux destinés à faire race est d'une haute importance, plus encore pour les chevaux de trait que pour les chevaux de selle, attendu que les descendans, inclinant toujours à devenir plus petits, sont par cela même plus propres à la selle qu'au trait.

« Au surplus, je le répète, ce choix est d'autant plus important, que les qualités sont presque toujours héréditaires au physique comme au moral. Aussi, choisissez-vous pour étalon un cheval vicieux , mal conformé , vous propagez ses vices et ses défectuosités dans toute sa race. Assurez-vous donc ,

---

(*a*) Il est très probable que dans l'état primitif il n'existait qu'un même poil pour tous les chevaux en général. Au reste, cette diversité existe de même pour les hommes, et se fait quelquefois sentir dans le même pays. C'est ainsi que les Béotiens, nés dans un terrain humide, différaient sous plusieurs rapports des Athéniens leurs proches voisins, dont le terroir était sec et maigre. Ces modifications locales sont trop visibles pour s'obstiner à les nier.

quand vous le destinez à la propagation ,
de son âge, et de toutes ses qualités bonnes
ou mauvaises. Il en est de sa mère comme
du père. Mais ce n'est pas assez de chercher
en eux cette même perfection que vous dé-
sirez trouver dans leurs descendans, il faut
encore qu'ils descendent eux-mêmes de familles où ces perfections soient héréditaires (5). Au surplus, ce n'est qu'à force de
soins , d'expérience, et surtout par certaines
combinaisons dans le croisement des races (a).

(a) Ce renouvellement des races s'observe également
à l'égard du règne végétal ; c'est un moyen que la nature
emploie pour conserver les espèces dans toute leur perfection. De là vient cet instinct commun à tous les animaux qui les pousse à changer de lieux au temps de
l'accouplement. « Voilà pourquoi, dit Buffon à ce sujet,
la défense de mariage entre proches parens est généralement répandue chez tous les peuples même les moins
policés, parce que c'est une loi de la nature plutôt que
l'ouvrage de certaines vues politiques. » Les Arabes
entendent à merveille l'art d'accoupler les chevaux; aussi
obtiennent-ils toujours de beaux produits.

Dès la deuxième ou troisième génération, les chequ'on arrive à perfectionner des produits de cette nature (*a*). »

Cependant Hermès s'était débarrassé des deux colons avec lesquels il s'était entretenu depuis qu'il m'avait quitté, et nous rejoignit un peu avant le déclin du jour. M'ayant engagé à l'accompagner, nous prîmes congé d'Euler, que, pour ma part, je remerciai de ses utiles et précieuses instructions, et nous nous disposâmes à regagner nos habitations.

---

vaux d'un autre climat prennent l'empreinte des chevaux du pays où ils sont elevés, à moins de renouveler la race par des sujets étrangers qui n'aient pas encore été employés à la propagation dans le pays. Le barbe ou arabe est le seul pour lequel la nature n'exige pas ce renouvellement, ce qui fait conjecturer que l'Afrique est la véritable patrie du cheval.

(*a*) Règle générale. Il faut chercher à réparer les imperfections de l'un par les perfections opposées de l'autre. Ainsi, par exemple, lorsqu'une jument produit des poulains qui se distinguent soit par une belle tête, soit par un beau poitrail, choisissez-lui un étalon qui ait toutes les perfections excepté celles que cette jument communique d'elle-même.

NOTES

DE

LA CINQUIÈME JOURNÉE.

——

(1) Rien ne contribue davantage au développement
de l'industrie et de l'intelligence humaine que le goût
des voyages maritimes : l'inspirer aux peuples sauvages, je le répète encore, c'est les faire marcher à pas
de géant vers la civilisation, puisque c'est les mettre
sans cesse en contact avec les peuples civilisés : tout
y gagne, l'agriculture, le commerce, les arts et les
sciences. On colonise Alger ; nul doute que son
agriculture n'appelle d'abord l'attention du gouvernement : mais, par la suite, son commerce ne sol-
licitera pas moins ses soins, et, sous ce rapport, la
marine marchande y devra recevoir de grands encouragemens. Le Maure est actif, intelligent, attaché à ses intérêts ; pourquoi ne réussirait-il pas dans
le commerce maritime comme dans tout autre genre

d'industrie? Il suffit pour cela d'aider au développement de ses facultés intellectuelles. Or, les longues navigations, je le répète, sont de tous les moyens celui qui peut le plus y contribuer. Il serait donc important de donner une grande impulsion à la marine. A la vérité, je sais que chez ces peuples demi-sauvages, demi-civilisés, la religion mahométane portera long-temps obstacle aux progrès de l'esprit humain; mais n'importe, ne nous laissons point décourager par les premières difficultés ; le pays une fois colonisé, elles s'aplaniront d'elles-mêmes, et peu à peu. La mer, la position topographique d'Alger, n'invitent-elles pas elles-mêmes cette nation industrieuse aux longues navigations? J'ai déjà dit que le commerce maritime a été une source de prospérité pour les nations anciennes et modernes. En veut-on d'autres preuves que celles rapportées dans le cours de cette cinquième journée? Je citerai d'abord les Marseillais. Forcés de négliger l'agriculture, à cause de la stérilité de leur sol, ils tournèrent leurs idées du côté du commerce maritime, et ils s'y livrèrent avec une telle ardeur, qu'ils lui durent bientôt cet état de prospérité qui les fit rechercher avec em-

pressement des Romains. Il en a été de même de la
Hollande : ce royaume n'était composé que de sept
petites provinces qui ne produisaient pas la deuxième
partie du nécessaire aux habitans ; et cependant la
Hollande a pu mettre sur pied de nombreuses armées ; elle a pu entretenir une flotte non moins formidable, étendre ses relations chez tous les peuples de l'univers. Pourquoi cela? Parce qu'elle
a su toujours profiter de toutes les occasions
favorables à son commerce. Qu'on se rappelle
cette ancienne flotte d'Afrique uniquement consacrée aux traites de blé expédiées à Rome, et
qui, après celle d'Alexandrie, se faisait remarquer
sur toutes les autres par son importance. Pourquoi la France ne chercherait-elle pas de même à
se créer sur les côtes d'Afrique une marine qui, au
besoin, réunie à la sienne, pût lui donner sur les
mers cette prépondérance qui a fait placer l'Angleterre au rang des premières puissances maritimes?
Alger, comme point militaire, est un lieu important
à garder; on doit donc se mettre en mesure de le
défendre, soit en se créant dès à présent une bonne
marine, soit en faisant fortifier tous les points où
l'on présume que l'ennemi pourrait débarquer.

(2) Le commerce maritime était si estimé chez les anciens, que les empereurs honoraient les villes qui se distinguaient non seulement dans ce genre d'industrie, mais encore dans la construction des vaisseaux ou de quelque port de mer. Ces villes faisaient marquer leur médaille d'un vaisseau ou seulement d'une proue.

(3) La découverte des chemins de fer et la circulation à la vapeur, doivent avoir autant d'influence sur la civilisation qu'en ont eu la boussole et l'imprimerie. Avec des chemins de fer, plus de distance; Paris est à Vienne, Vienne à Berlin. La création d'un chemin de fer de Liverpool à Manchester a augmenté sur ce point le nombre des voyageurs dans la proportion de 1 à 16. Par ce moyen toutes les capitales de l'Europe seront liées entre elles; les peuples se fréquentent, et les préventions qu'ils nourrissent les uns contre les autres disparaissent. Les relations d'industrie et de commerce créées entre eux rendent les guerres impossibles ; car tout le continent n'est plus qu'une patrie. (Voyez le *Journal des Débats* du 18 avril 1832.)

(4) Il serait à désirer, dans l'intérêt même du commerce et de l'industrie, que ce privilége fût sup-

primé en France, et alors le manufacturier de l'intérieur jouirait des mêmes avantages que le négociant des ports de mer. En rapprochant les marchandises du consommateur, on mettrait en mouvement tous les capitaux que contient l'intérieur de la France, et il en résulterait une source de gains nouveaux, une augmentation énorme d'affaires et de spéculations. Au contraire, en défendant les entrepôts intérieurs, tous ces avantages cessent, et les villes maritimes sont les seules favorisées; car, par exemple, le négociant des ports de mer est, dans le lieu de l'entrepôt, comme dans un vaste magasin où ses approvisionnemens se font au fur et à mesure de ses besoins, et à un prix qui ne varie jamais; de telle sorte qu'il ne devient réellement débiteur des droits qu'au moment même où il prend pour revendre; ajoutez en outre que les mauvaises chances résultant de la baisse imprévue dans les tarifs, ne sont jamais pour lui. Au contraire, et dans le même cas, le manufacturier de Paris peut avoir en un instant sa fortune compromise, malgré toute sa prudence et sa capacité : aussi, quand il s'agit de faire de gros approvisionnemens, y regarde-t-il à deux fois. De son côté, l'acheteur ne veut pas attendre. Qu'arrive-t-il ? que l'occasion échappe, et que le négociant perd un gain certain, parce que l'exorbitance des droits à débourser l'a forcé de laisser à 50 ou 100 lieues de distance la marchandise qui lui appartient : car il faut savoir que le raffineur de l'intérieur, par exemple, est obligé de payer les droits dès qu'il achète ; il n'y a pour lui ni terme, ni crédit, parce que, dès le moment où la marchandise se déplace, les garanties du fisc disparaissent, tandis que le raffineur du port, n'achetant le sucre des colonies qu'en entrepôt, ne paie le droit qu'au fur et à mesure de la consommation. Considérons maintenant Paris ou Metz comme lieu d'entrepôt : qu'arrivera-t-il ? Que ces villes vont devenir de vastes marchés sur lesquels seront réunies des marchandises de toute nature, des denrées coloniales en abondance ; aussitôt des relations immédiates se formeront à Paris ou à Metz avec une partie de la Suisse et de l'Allemagne intérieure, d'autant mieux que le roulage de ces contrées offre une voie sûre, continue et peu coûteuse ; car il est prouvé, tout calcul fait, qu'il y aurait dans ce cas diminution de frais dans les transports, ce qui suffit pour attirer les acheteurs. La Suisse, à la vérité, tire ses appro-

visionnemens d'Anvers ; mais la navigation du Rhin,
qui sert au transport, est difficile, dangereuse, souvent interrompue, et toujours d'un prix élevé.

Voyons actuellement ce qu'opposent les négocians
dans l'intérêt des villes maritimes. La grande objection, la voici : c'est qu'en formant à Paris et dans
les grandes villes de l'intérieur des entrepôts réels,
on ruinera le commerce des ports ; les villes maritimes ne seront plus qu'un lieu d'étape et de passage ; tous les achats et ventes se centraliseront sur
Paris ; c'en est fait de l'industrie des commission-
naires, des justes espérances des propriétaires de
magasins : voilà sans doute de fâcheuses prévi-
sions ; mais se réali seront elles ? Voyons en quoi
consistent les avantages dont jouissent les villes
maritimes ? Les plus notables sont le commerce
direct soit avec l'étranger, soit avec les colonies, la réexportation par mer, l'armement et l'a-
vitaillement des navires nationaux, les bénéfices de
la relâche des navires étrangers, les assurances, le
cabotage, la pêche ; c'est là ce qui fait la prospérité
des ports. Or, qui ne comprend pas que ces avantages appartiennent exclusivement aux villes maritimes ; que les villes de l'intérieur n'y sauraient pré-

tendre ; que toute concurrence est complètement imaginaire? Quoi qu'on fasse, ce n'est que dans le sein des ports que les cargaisons peuvent se former au départ, ou se diviser à l'arrivée. Les ports ont reçu de la nature un privilége imprescriptible : une capitale, située dans les terres, ne parviendra jamais à attirer à elle les affaires maritimes. (Voyez, dans le *Journal des Débats*, deux excellens articles qui traitent à fond cette matière, et dont nous avons extrait plusieurs passages pour la matière de cette note.)

(5) En traitant l'article des haras, il n'est peut-être pas hors de propos d'indiquer quelques uns des signes extérieurs auxquels se reconnaît un beau et bon cheval. Nous supposons d'ailleurs nos lecteurs, en général, très peu versés dans les connaissances du cheval, et nous n'avons point la prétention d'apprendre rien de nouveau à ceux qui se sont adonnés à l'étude de l'hippiatrique. Voici l'énumération des parties les plus importantes du cheval.

Encolure : sa partie supérieure doit être tranchante et se retrécir à mesure qu'elle approche de la tête, et former le cou de cygne. La partie inférieure, au contraire, doit monter en droite ligne depuis la poitrine jusqu'à la ganache. Quand elle est épaisse et courte, ce qu'on appelle cou de cochon, elle est difforme et, en outre, pesante à la main.

Tête : sèche et menue; le front étroit et un peu voûté depuis les yeux jusqu'aux naseaux, comme la tête de bélier; les os de la ganache peu épais, maigres, un peu larges vers le gosier.

Oreilles : petites, étroites, ni pendantes ni plantées trop en avant : quand elles sont épaisses et pendantes, le cheval est dit oreillard, cheval ordinairement mou ou ruiné; quand l'une se porte en avant, l'autre en arrière, le cheval est souvent ombrageux, quinteux, traître. Une grosse tête charnue et anguleuse est sujette aux maux d'yeux; c'est en outre une difformité. Il en est de même quand elle est trop longue, mais grosse et maigre.

Yeux : doivent être à fleur de tête, clairs, vifs et pleins de feu. Les petits yeux, ou yeux de cochon, sont sujets aux maladies.

Naseaux : bien ouverts, garnis d'une peau mince et vermeille au-dedans.

Bouche : peu fendue, humide et rouge. Trop grande ou trop petite, elle est difficile à brider. Lèvres fines.

Salières : bien remplies.

Garot : élevé et tranchant.

Poitrail : large, les épaules agiles, sèches et plates, le corps rond.

Flancs : pleins et courts.

Queue : que le tronçon en soit gros et bien garni de crin; que la queue soit épaisse et bien détachée.

Genoux : ronds par devant, ni saillans ni rentrans; jambe déliée depuis le genou jusqu'au boulet; canons plus plats que ronds; tendons forts et bien détachés; boulets menus; pâturons gros, de longueur médiocre; couronne médiocrement élevée; sabot haut, corne noire, la fourchette menue et pointue, la sole épaisse et concave.

Signe de santé.

On reconnaît qu'un cheval se porte bien quand il est toujours éveillé, prêt à obéir, de bon appétit, jamais dégoûté sur les alimens; qu'il aime à se reposer et à se coucher après des exercices fatigans; qu'il se conserve bien en chair sans engraisser ni maigrir; quand il est dispos, allègre à la mangeoire; les oreilles en avant, les yeux clairs et étincelans;

poil uni, luisant; quand il écume sous le mors, qu'il boit peu, qu'il a l'haleine douce et libre et qu'il ne sue pas trop facilement.

De l'âge des chevaux.

Les jumens vivent communément plus long-temps que les chevaux. Quand elles sont à crochet, elles sont sujettes à stérilité. Un cheval qui ne croît que quatre ans ne vit guère plus de vingt-cinq ans ; mais s'il prolonge le temps de sa croissance jusqu'à six ou sept ans, il peut vivre aisément quarante ans, et pendant vingt ans être d'un très bon service.

Chevaux destinés à la propagation.

Il ne faut pas s'en servir à cet usage avant l'âge de cinq à six ans, ou plutôt sept ans; mais, depuis cet âge jusqu'à quatorze ans, on peut hardiment les y employer : c'est le temps de leur plus grande vigueur. Ils doivent toujours être de la première génération, ou tout au plus de la seconde.

Règle générale, plus les climats d'où l'on tire l'étalon et la cavale sont opposés l'un à l'autre, plus les chevaux qu'ils produisent sont parfaits.

Il faut avoir soin de renouveler les races dès la

troisième ou quatrième génération, au plus tard, par des étalons ou des jumens qui n'aient encore servi ni dans le même haras, ni dans le même climat à la propagation.

Dès qu'on s'aperçoit que les poulains commencent à devenir plus petits que leur père, il faut rafraîchir la race par un mélange convenable. Du reste, quelque belles que soient les jumens, si elles ne produisent que des poulains petits et faibles, bien qu'on les ait changées plusieurs fois d'étalons, il faut s'en défaire au plus vite. La grandeur des poulains dépend plus de celle de la jument que de celle de l'étalon.

SIXIÈME JOURNÉE.

SOMMAIRE.

Que l'esprit de propriété porte les hommes à défendre leurs foyers; employer par conséquent ce mobile. — Système de colonisation pour les troupes, avantage qu'on en retire. — Système d'organisation militaire approprié aux naturels du pays. — Terrain de manœuvres et exercices militaires.— Travaux publics exécutés par les troupes. — Constante sollicitude d'un chef pour la santé du soldat. — Construction de radeaux propres à faciliter le débarquement des troupes en présence de l'ennemi. — Formation d'un corps de cavalerie destiné à transporter de l'infanterie. — Nouvelle manœuvre d'infanterie dite le coin ou tête de porc. — Prosopopée contenant le résumé de l'ouvrage.

C'est au milieu des camps, au sein du tumulte et du bruit des armes, que je rédige, mon cher Antenor, l'entretien que vous allez lire. Ce sont les dernières instructions que je reçois d'Hermès, tandis qu'assailli de tous

côtés par des hordes de barbares, il se prépare à repousser la force par la force. Cet infatigable fondateur, tout à la fois homme de
tête et de main, aura bientôt mis à la raison cette multitude plus arrogante que redoutable. Quant à moi, je l'ai toujours suivi
dans le cours de son expédition, afin de m'i-
nitier dans un art auquel j'étais étranger ;
car ce n'est qu'en faisant la guerre qu'on
apprend l'art de la faire (*a*).

Vous ne sauriez croire, mon cher ami, avec
quelle étonnante facilité nous improvisons ici
des armées. En vérité, je me croirais au temps
de ce fameux Cadmus, où les soldats sortaient
de terre armés de pied en cap. Dès le premier
signal j'ai vu accourir de tous côtés une multitude de jeunes soldats instruits et bien disciplinés, et presqu'au même instant les cam-

---

(*a*) « Ils connaissent la guerre par théorie, disait **Marius**
en parlant de quelques généraux de son temps, et moi
c'est sur le champ de bataille que j'ai appris à la faire. »

pagnes se couvrir de travaux militaires. Il y a quelques jours, j'en témoignai mon étonnement à Hermès. « N'en soyez pas surpris, me dit-il, tout ce que vous voyez n'est que le résultat d'une bonne organisation militaire, de même que mes succès à la guerre n'ont été souvent que le fruit d'une discipline ferme et sévère (*a*); discipline d'autant plus indispensable, dans ces déserts peuplés de barbares, qu'on ne peut se relâcher un seul instant de la sévérité des précautions.

« Dans le principe, mon gouvernement a été presque tout militaire, comme je vous l'ai dit, non pour chercher querelle à nos voisins (car il nous importait trop d'entretenir des relations amicales avec eux), mais pour assurer notre existence dans un pays encore peu-

---

(*a*) On sait qu'Annibal ne dut qu'à l'extrême sévérité de sa discipline, la facilité avec laquelle il maintenait l'ordre dans les immenses armées qu'il traînait à sa suite.

plé de barbares. Mais enfin, une fois sur un pied redoutable, j'ai pensé qu'il était de notre intérêt de faire les premières avances à des sauvages qu'une défiance continuelle éloignait de nous. Ils étaient nos ennemis naturels; j'ai dû les traiter avec douceur et circonspection, et les amener peu à peu à des idées de paix qu'ils semblaient d'abord rejeter. C'est à mon avis la meilleure politique à suivre dans un pays de nouvelle conquête, d'autant mieux qu'elle ne gêne en rien les précautions qu'exige la prudence. En effet, qui nous empêche de rester constamment sur nos gardes? Notre position a été long-temps aventureuse: aussi n'ai-je rien négligé pour me créer une bonne armée. J'avais peu de troupes, il m'a fallu y suppléer par une bonne organisation. Point d'état sans de bonnes troupes, ni de bonnes troupes sans de bonnes lois; les unes se soutiennent par les autres. Des lois fondées sur la justice nous ont valu l'amitié de ces peuplades sauvages ; des troupes braves et exercées les ont tenues en respect toutes les fois qu'elles ont voulu remuer : aussi ont-elles si bien compris notre supériorité, qu'elles ont cessé toutes démonstrations hostiles, du moment que nos armes ont obtenu quelque éclat ; et c'est là précisément pourquoi, de toute cette masse d'ennemis que j'avais d'abord à combattre, je n'ai bientôt plus trouvé que des voisins soumis et fiers de notre alliance (a). Quoi qu'il en soit, la paix de l'intérieur m'inquiète peu. J'ai des craintes beaucoup plus sérieuses à l'égard des nations étrangères que je vois sur les mers exercer une prépondérance redoutable. Peut-être un jour nous envieront-elles, comme point militaire, des côtes qu'elles

____

(a) Romulus l'avait compris lui même ; aussi commença t-il par donner à sa colonie naissante des institutions toutes militaires.

croient nécessaires pour assurer leur puissance maritime. Nous préserve le Ciel de leur inimitié! car les indigènes profitant des circonstances pour reconquérir leur indépendance, ne manqueraient pas de nous livrer une guerre d'extermination (*a*). » Ici j'interrompis Hermès : dans l'isolement où votre colonie a dû long-temps se trouver, je m'étonne que des ennemis d'un naturel si perfide n'aient pas tenté vingt fois à le ruiner de fond en comble. « Il est des circonstances, reprit-il,

---

(*a*) Ainsi, par exemple, si les Anglais nous devaient disputer la possession d'Alger avant que la colonie que nous y avons ait pu s'y établir d'une manière stable, il n'est pas douteux qu'on eût tout-à-coup sur les bras toutes les différentes peuplades qui habitent dans le voisinage d'Alger; peut-être aussi faut-il mettre du nombre les Tunisiens, les habitans de Maroc, etc. Il est donc nécessaire d'intéresser tellement ces peuples au sort de cet établissement, qu'ils finissent par se persuader que les ennemis de la colonie sont des ennemis communs qu'il faut combattre de concert avec elle. Il faut surtout fortifier tous les points faibles du côté de la mer.

où, tel que l'astucieux renard, il faut savoir éventer un piége, ou tel qu'un fier lion, s'abandonner à ses propres forces. Combien de révoltes n'ont pas avorté par notre adresse à déjouer les complots de l'ennemi, et combien en avons-nous réprimé, en marchant droit à lui sans hésiter. C'est en quoi la fermeté de caractère est si nécessaire dans un chef appelé à de hautes destinées; car le mobile des grandes actions ne consiste que dans la force de la volonté. Je suis loin de posséder de telles qualités, mais je sais bien que s'il m'était arrivé de me décider à contre-temps, soit pour la paix soit pour la guerre, il en pouvait résulter sinon la perte de ma colonie, du moins les accidens les plus graves. Car, par exemple, le cas de guerre supposé, si nous avions perdu à délibérer le temps qu'il fallait mettre à exécuter, qu'en serait-il arrivé? que nous aurions différé la guerre à l'avantage de l'ennemi (1).—Je me

figure bien ce que doit être un fondateur de colonie ; mais ce que je ne conçois pas, c'est cette
obéissance passive à laquelle se soumettent de
paisibles colons, déjà attachés aux douceurs
d'une vie domestique. Ainsi, le cas de guerre
supposé, iront-ils, sans murmurer, s'exposer
à de nouveaux périls ; car ce n'est pas tout
qu'un chef habile, il lui faut des troupes disposées à lui obéir.—Ils marcheront, reprit Hermès, parce qu'ils savent que la liberté dont
ils jouissent est le prix de leur courage ; ils
seront donc toujours prêts à combattre un
ennemi commun : tout à la fois laboureurs et
soldats, ils comprennent à cet égard toute l'é-
tendue de leurs devoirs. — Laboureurs et soldats, dites-vous ? Ainsi, votre pensée a été d'u-
nir à la liberté les travaux rustiques et militaires, et ce n'est qu'à ceux qui ont des foyers
que vous accordez le droit de les défendre (*a*).

(*a*) De ce ramassis d'hommes qui se trouvent aujour-

—Vous l'avez dit, sauf quelque exception pourtant ; mais en général il est vrai de dire qu'ici tout colon est propriétaire du fond qu'il cultive. Il m'importait trop de l'attacher au sol pour négliger un mobile si actif chez les hommes, d'autant mieux qu'ayant trouvé les terres sans maîtres, il m'était facile de satisfaire aux besoins de chacun. C'est à cet esprit de propriété, que je dois l'espèce de milice nationale que vous voyez toujours prête à se protéger contre les partis vagabonds qui infestent encore une grande partie de ces contrées. Vous êtes sans doute surpris que de paisibles colons quittent et reprennent tour à tour la charrue et le mousquet ; mais rien n'est plus facile aujourd'hui : quand la première impulsion est donnée, il n'est pas de machine

---

d'hui dans les armées des rois, dit Rousseau, il n'y en aurait pas un peut-être qui n'ait été chassé avec dédain d'une cohorte romaine, quand les soldats étaient les défenseurs de *la liberté*.

17.

qui ne soit susceptible de marcher, pour peu qu'elle soit convenablement organisée. Le tout dépend des premières institutions données aux nations; il n'est pas jusqu'aux peuples les plus sauvages dont on ne parvienne à changer le naturel (a).

« Vous admiriez tout-à-l'heure l'impulsion belliqueuse que j'avais su imprimer à ces masses composées d'un ramassis d'individus appartenant à toutes les nations, à toutes les classes, à toutes les professions. Comment se fait-il, disiez-vous, qu'un amalgame de parties si

---

(a) Par exemple, la nature avait fait les Arabes pour être commerçans ; cependant, les circonstances en ont fait peu à peu des peuples aguerris. Mahomet vint ensuite leur donner de l'enthousiasme ; et ils furent guerriers. Un peuple est donc ce que le font ou les circonstances, ou ses institutions. Le veut-on actif, courageux, qu'on évite tout ce qui peut corrompre ses mœurs. Le luxe efféminé, et a été cause des victoires remportées sur les Asiatiques. Pénétrez-vous chez ces peuples? hâtez-vous d'éloigner vos armées victorieuses de ce qui a été cause de leur ruine ; car le soldat, tôt ou tard, se laisse vaincre par les choses même qui lui ont procuré la victoire.

hétérogènes ait pu former un ensemble aussi
parfait? Je ne me presserai point de répondre ; vous apprendrez par vous-même, en
vous familiarisant avec mes troupes, jusqu'où l'on peut aller à l'aide d'une discipline sage et sévère. » J'interrompis Hermès
et le priai d'entrer dans quelques détails sur
son système d'organisation; car je ne revenais
pas de ma surprise à l'aspect de cette formidable armée, que je voyais déjà tenir campagne, lorsque deux jours auparavant quelques
régimens disloqués suffisaient à peine pour le
service des places et des garnisons. « N'en soyez
pas surpris, me dit-il, bientôt vous serez au
fait de ce qui se pratique dans cette colonie. Sachez d'abord qu'ici l'armée se compose de deux
élémens distincts, savoir des troupes en service
actif et des troupes colonisées (2). Les premières formées de soldats exercés et vieillis sous
les drapeaux, sont au premier signal toujours
prêtes à marcher ; les secondes ne se compo-

sent que de recrues destinées à alimenter l'armée, ou à compléter son cadre en cas de guerre. Ces recrues, concentrées sur un même point, comme vous le voyez, sont enregimentées et colonisées par moitié; l'autre moitié est renvoyée en congé dans ses foyers. Elles se relèvent ainsi alternativement d'année en année. La partie colonisée est, à l'époque où les travaux de la campagne pressent le moins, exercée tous les jours aux manœuvres prescrites, et en tout autre temps une fois tous les huit jours. Au surplus, cette colonie de jeunes soldats, ainsi établie à proximité de celle des vétérans, y trouve tout à la fois d'excellens instructeurs et des exemples précieux à suivre. Les vétérans, de leur côté, récompensés des nouveaux services qu'ils rendent encore, trouvent dans les libéralités de l'état un surcroît d'aisance qui va se répandre au sein de leur famille. Tantôt ce sont des bestiaux, tantôt quelques supplémens de ter-

res qui leur sont distribuées pour les indemniser du temps et des soins qu'ils consacrent
à l'instruction des recrues.

Ainsi, par ce système de colonisation nous
sommes toujours assurés d'avoir au besoin une
armée instruite, bien disciplinée, et en un mot
toute prête à combattre (*a*), sans que nos fi

(*a*) Ce système d'organisation n'est qu'une modification de ceux adoptés en Prusse, en Suède, et dans l'empire ottoman.

Il tient du système prussien, parce qu'on y retrouve
en quelque sorte sa landwer, si ce n'est que d'après les
modifications que je lui fais subir, elle ne présente plus
l'inconvénient qu'on pouvait lui reprocher, savoir qu'étant dispersée pendant onze mois de l'année dans tous
les rangs de la population, elle doit nécessairement en
partager tous les vices et toutes les passions, et rester
inférieure à une armée permanente et isolée, de tous
les citoyens. Mais ma landwer a cela de commun avec
la landwer prussienne, qu'elle a l'avantage d'être une
réserve très forte, et d'alimenter l'armée de soldats instruits et disciplinés, attendu qu'ils ont été exercés pendant une année consécutive à tous les détails de leur métier, et à toutes les manœuvres pratiquées en temps de
guerre. Retournent-ils en congé, ils peuvent encore

nances en soient plus obérées. Cela n'empêche pas que dans les temps de crise où la patrie est en danger, tout ce qui est en état de porter les armes ne soit levé en masse, car notre garde nationale forme encore une réserve redoutable pour la défense de nos remparts, surtout quand elle se joint à celle des vétérans(a).»

---

consacrer à leurs parens un temps précieux pour la culture des terres.

Il tient de l'organisation suédoise, parce qu'en Suède une partie de l'armée est en service actif, une autre colonisée, et formée en régiment; ce qui ne nuit point à la bonté des troupes; car on sait que leur infanterie et surtout leur cavalerie, quoique ainsi colonisées, se sont toujours distinguées par leur belle tenue et leur esprit militaire.

Il tient du système ottoman, parce qu'à son exemple, chaque habitant de la colonie est soldat, et qu'il ne peut refuser son secours, tant qu'il peut porter les armes. L'époque où les Ottomans adoptèrent ce système, fut précisément celle où ils commencèrent à se rendre redoutables à l'Europe. Toute la nation formait une immense armée, tout était à la disposition de la patrie, depuis l'âge de 16 ans jusqu'à 60.

(a) Chez les Romains, les vétérans ne reprenaient les armes que pour la défense de la ville.

Sur ces entrefaites je vis arriver deux ou trois régimens entièrement composés d'indigènes, et qui prenant rang dans l'armée ne semblaient pas néanmoins en faire partie. Curieux de reconnaître la destination de ces troupes en temps de guerre, je me permis une multitude de questions auxquelles Hermès répondit avec sa complaisance ordinaire. « Ces peuplades, pour la plupart nomades, me répondit-il, sont courageuses et accoutumées à tous les exercices les plus violens; mais je ne puis les employer dans leur propre pays qu'avec la plus grande circonspection et à la dernière extrémité. En effet, ne vaut-il pas mieux s'en tenir à ses propres armes que de recourir à d'autres, qui le plus souvent ne font qu'embarrasser (3)? Si dans le principe je me suis servi des troupes indigènes, c'est qu'alors ayant occasion de les opposer à leurs plus cruels ennemis, et de mettre ainsi en présence de vieilles haines, j'avais en quelque sorte une garantie de leur dévouement et de leur courage; mais ces ressources ne sont que momentanées; il est toujours dangereux d'employer les vaincus à la défense d'un pays conquis sur eux. En principe, ne donnons que très peu de confiance à toute espèce de troupes étrangères, quelles qu'elles soient, et rappelons-nous que les cohortes thébaines appelées sacrées n'étaient composées que des meilleurs soldats nationaux. Néanmoins je ne disconviens pas que par la suite ces troupes ne puissent nous inspirer plus de confiance; mais il faut que le temps et le système d'organisation qui leur est approprié, les aient détachées peu à peu des affections natales. L'essentiel est donc de les dépayser de bonne heure, afin de les plier plus aisément à nos mœurs et à nos usages. A cet effet la jeunesse indigène soumise à nos lois de recrutement est dès l'âge de seize ans colonisée indistinctement avec nos jeunes recrues, afin de s'accoutumer peu à peu à la vie militaire.

Après un an d'épreuve, ces jeunes soldats sont envoyés à la métropole, qui les reçoit dans les rangs de son armée pour y faire le service concurremment avec nos soldats nationaux. Après avoir accompli de cette manière la première moitié de leur temps de service, ils sont congédiés par la métropole, et reviennent ici achever la moitié qui leur reste encore à faire. Leur service se borne à celui de troupes légères, et c'est sans contredit les meilleurs soldats que nous puissions avoir pour ce genre de service (*a*) : ils sont vifs, nerveux, légers à la

-----

(*a*) Chez les Romains, c'était les pays conquis réduits en province romaine qui fournissaient pour les armées des cohortes légères, et surtout de la cavalerie, dont on manquait en Italie. Au reste, ces troupes, qu'on appelait auxiliaires, n'étaient jamais regardées comme les principales forces ; elles n'étaient qu'accessoires, et ne devaient point dépasser un nombre déterminé, sous prétexte qu'elles pouvaient devenir dangereuses aux troupes nationales, étant toujours prêtes à trahir la cause qu'elles ont embrassée.

course, et supportent sans murmurer toute
espèce de fatigues. Aussi notre métropole tire-
t-elle de cette contrée toutes les troupes légères dont elle a besoin en temps de guerre.
Leur temps de service accompli, ils ont droit
à la même retraite que nos soldats nationaux. »

Hermès discourant ainsi, j'aperçus une vaste
plaine où s'exerçaient de jeunes soldats appartenant à différentes armes. « C'est ici notre
champ d'exercice, me dit-il; remarquez-vous
combien d'accidens divers se présentent dans
son immense étendue ? Il est entrecoupé de
bois, de rivières, de plaines, de coteaux; c'est
ce qui le rend si propre aux exercices militaires;
car le soldat doit se rendre habile, non seulement à manier ses armes, mais à profiter de
tous les avantages que lui présente la nature du terrain où il combat : il doit s'exercer à gravir les lieux escarpés, à passer un
fleuve à la nage, à se saisir d'un poste avan-

tageux. Du reste, ce terrain est d'autant plus commode qu'il se trouve dans un voisinage rapproché. Quand le soldat est obligé d'aller chercher au loin son terrain de manœuvre, il y arrive fatigué, harassé, et se refuse à tous les exercices pénibles qu'on exige de lui.

Ainsi ce vaste emplacement consacré à la colonisation d'une partie de nos recrues, est comme le dépôt général où, de tous les points du territoire, viennent se réunir nos jeunes soldats, tant nationaux qu'indigènes, pour y être exercés chacun dans l'arme à laquelle le sort ou plutôt son aptitude le destine. De ce système de colonisation résulte entre les soldats nationaux et non nationaux, une espèce de fraternité qui détruit peu à peu toutes ces misérables préventions que la différence de mœurs et de religion entretient de nation à nation. Un autre avantage non moins important, c'est de main-

tenir une instruction uniforme dans toutes
les troupes, et d'accoutumer le soldat aux différentes armes qu'il doit avoir à combattre en
temps de guerre : ainsi l'infanterie se familia-
rise avec le choc de la cavalerie, la cavalerie
avec les feux de l'infanterie, parce qu'au temps
des manœuvres nos jeunes soldats y sont constamment exercés. »

Sur ces entrefaites je vis se répandre dans
la plaine une multitude de soldats armés d'ou-
tils propres à remuer la terre. Je remarquai
aussi une foule nombreuse de travailleurs
qu'on occupait à fortifier tous les points où
l'on pouvait supposer que l'ennemi opérerait
un débarquement. Comme j'admirais une si
prodigieuse activité : « Voilà le fruit de leurs
loisirs, me dit Hermès, en me montrant différens ouvrages de fortification déjà fort
avancés ; vous ne verrez jamais le soldat oisif
dans mes camps; l'oisiveté est la perte de la
discipline militaire (4). Le travail au contraire

entretient sa santé et le prépare aux fatigues
de la guerre (*a*). Nos jeunes soldats savent
déjà en quelques mois former un abatis, une
fraise, une palissade, façonner un parapet et
le gazonner. Ces immenses canaux creusés
pour nous mettre à l'abri des incursions de
ces barbares, ces routes auxquelles nous ne
donnons, comme vous voyez, que la stricte
largeur qu'exige le service du roulage, afin de
ne pas employer inutilement un terrain consacré à l'agriculture (*b*), sont en grande partie

---

(*a*) Montesquieu attribue le plus grand nombre des
maladies qui déciment les armées en campagne au passage subit d'une vie inactive, à des fatigues et à des
privations de toute espèce.

(*b*) Les routes doivent avoir peu de largeur, comme
en Saxe, où elles ne sont en quelque sorte que
des zônes légères jetées sur le paysage. De cette manière, elles n'usurpent jamais la place de la végétation.
Au reste, les routes, considérées comme voies de
communications commerciales, ne sauraient être trop

l'ouvrage de nos troupes de ligne. Voyez-vous comme ce pays est déjà traversé dans toute son immense étendue? Ce sont ces routes qui nous facilitent la prompte circulation de nos troupes, et qui nous ouvrent des communications avec presque toutes les peuplades de ces contrées.

Visitons maintenant ces enceintes fortifiées dont se trouvent pourvues nos colonies (5). Les habitans sont-ils surpris par l'ennemi? ils peuvent sur-le-champ s'y retirer, et mettre en sûreté leurs troupeaux et leurs richesses. Là, des familles entières peuvent, à l'abri de ces retranchemens, braver les menaces de

---

multipliées dans un pays qu'on se propose de civiliser. Dans le territoire d'Alger, par exemple, où le fer doit être commun, puisque l'Atlas en fournit une grande quantité, il me semble qu'on pourrait établir la plus grande partie des communications, soit par des ohemins de fer, soit par des canaux, selon les localités.

l'ennemi, jusqu'à ce que la fortune leur offre l'occasion de combattre avec avantage. Enfin ce sont des places du moment qui peuvent suppléer à des forteresses, dont la construction permanente absorberait en grande partie les revenus de la colonie. Qu'ils soient à l'abri des balles et de l'arme blanche, c'est tout ce qu'il en faut parmi des barbares qui connaissent à peine l'artillerie. Les tribus qui nous sont alliées se construisent elles-mêmes de pareilles enceintes, observant de les lier entre elles par d'immenses fossés qui, dans toute leur étendue, se trouvent garnis de branches d'arbres formant des espèces de haies inextricables (a). »

(a) Un des meilleurs genres d'obstacles qu'on puisse imaginer, est celui dont César nous donne une description assez détaillée dans ses mémoires, à l'occasion du siège d'Alésie; il consiste à garnir le fond des fossés de plusieurs rangs d'arbres plantés debout jusqu'aux branches qu'on a soin d'aiguiser par le haut.

Sur ces entrefaites je vis passer une artillerie formidable et tout le sanglant appareil
d'une bataille très prochaine. « Nous avons,
me dit Hermès, certains voisins qui, depuis
quelques jours, nous manifestent des intentions hostiles, et nous les prévenons dans
leurs apprêts de guerre, afin d'imprimer plus
de terreur aux peuplades qui seraient à leur
exemple disposées à s'insurger ; car ces barbares ne manquent pas ordinairement d'attribuer à la crainte plutôt qu'à la prudence un
temps employé à une sage délibération. Toutefois ce ne sont pas des ennemis encore fort
redoutables ; ils ont plus de jactance que de
véritable bravoure. Il est vrai qu'avec le temps
acquérant plus d'expérience (car les événemens de la guerre apprennent l'art de vaincre
aux vaincus même) ils pourront nous susciter des guerres plus sérieuses ; mais ce temps
est encore éloigné. Jusqu'à présent je n'ai vu
dans ces peuples guerroyans que des bandes

irrégulières, indisciplinées, et peu soigneuses de se choisir des chefs capables, quoique le sort des armées dépende le plus souvent de l'habileté de ces derniers. »

Tandis que j'écoutais Hermès, quelques régimens défilèrent devant nous avec armes et bagages, à l'exception de l'infanterie légère qui, destinée à courir avec une grande vitesse et à se jouer de tous les accidens de terrain, était armée et vêtue à la légère. Suivaient les bagages portés à dos de mulet ou sur des chameaux consacrés à ce genre de service. « Vous voyez, reprit Hermès, que mes troupes légères sont débarrassées de tout ce qui pourrait gêner leurs mouvemens. C'est un soin que je ne néglige jamais; car le succès des grandes opérations de la guerre dépend le plus souvent de la rapidité des mouvemens (a). Il faut

____

(a) C'est ainsi que César, au siége de Ségovie, informé à minuit de la défection des Éduens, se mit aussitôt à

18.

donc qu'elles soient toujours prètes à se mouvoir avec célérité. Au surplus le climat brûlant que nous habitons permet peu au soldat
de se surcharger ; j'ai même été forcé de faire
subir à l'uniforme des troupes certains changemens qu'exigeait une pareille température.
En cela, comme en toutes autres choses, mon
principe a toujours été d'adopter les précautions sanitaires employées par les naturels du

---

leur poursuite à la tête de sa cavalerie et de 4 légions
auxquelles il fit retirer tout bagage qui eût pu retarder
leur marche. Il les atteint à 25 milles de son camp, et
après 3 heures de repos, il les y ramène, faisant 16 lieues
en 24 heures. Il serait à désirer que cet exemple fût suivi
des modernes. Aujourd'hui, le voltigeur aussi chargé que
le fantassin de ligne, ne saurait faire un pas sans son bagage, soit qu'il faille gravir des hauteurs pour en débusquer l'ennemi, soit qu'il ait l'ordre de se porter avec
célérité sur tel ou tel point. Quelle que soit la saison, la
température, il faut qu'il marche sac au dos, même avec
des chaleurs intertropicales : aussi qu'arrive-t-il ? qu'exténué à moitié chemin, il est impropre au service au
quel il devrait être employé.

pays; aussi ai-je évité durant l'été toutes marches forcées, et surtout celles de jour (6). Sans cette constante sollicitude pour mon armée, elle eût été décimée en bien peu de temps. »

Cependant Hermès se disposait à rentrer dans sa tente, quand on vint le prévenir que des hordes de barbares descendus du sommet de leurs montagnes, étaient venues fondre avec impétuosité sur une partie de ses troupes. Hermès monta à cheval et m'invita à le suivre (*a*); ensuite il harangua ses troupes chacune selon leur génie et leurs mœurs : aux nationales, il promit de la gloire et des récompenses honorifiques; aux indigènes, un riche butin à

(*a*) Cette dernière partie qui termine la journée n'est autre chose qu'un léger canevas où l'on a essayé quelques traits caractéristiques de la manière de combattre des peuples barbares, et en même temps de donner un peu de relief à deux ou trois idées dont les détails ont été rejetés aux notes finales, et qui pourraient peut-être prendre quelque consistance si elles étaient mises à exécution.

prendre sur l'ennemi. Connaissant en outre leur penchant pour toutes les idées religieuses, il usa de ce puissant mobile pour exciter encore plus d'enthousiasme. Sa harangue énergique et appropriée à l'esprit du soldat eut un plein succès. Il ne pouvait déjà plus tempérer son ardeur belliqueuse. Toutefois il ne prit avec lui que des hommes en état de combattre, ne voulant point s'embarrasser de cette multitude de soldats impropres au service, et qui trop souvent ne servent qu'à faire nombre dans les armées (*a*).

Cependant l'ennemi pour éluder l'effort de

(*a*) Les barbares, au contraire, n'ont de confiance que dans le nombre : ce sont des peuplades entières qui marchent en masse, mais dont les deux tiers souvent ne sont propres à rien. Les Teutons, qui furent taillés en pièces par Marius, laissèrent sur le champ de bataille 200,000 morts, et se firent prendre 90,000 hommes. C'est ainsi que Darius traînait à sa suite une multitude d'hommes plus propres à embarrasser qu'à combattre utilement.

nos armes, et nous affaiblir en cherchant à
nous diviser, s'était disséminé en plusieurs
endroits; on fit à son exemple plusieurs petits
corps d'armée pour lui interdire l'entrée de
nos diverses colonies. Hermès avait eu soin de
faire construire dans plusieurs gorges de montagnes de petits forts pour lui fermer le passage sur plusieurs points. Quant à lui, de sa
personne, il se mit au centre avec l'élite de
ses troupes, afin d'envoyer à temps des secours à celles qui paraissaient perdre contenance. Les barbares se repentirent bientôt
d'avoir ainsi morcelé leurs forces; car, cédant
à la supériorité de nos manœuvres, ils commencèrent à faire retraite ; mais de quelque
côté qu'ils se tournassent ils avaient toujours
en tête ou en queue quelque portion de notre
armée : ils furent culbutés et taillés en pièces.

Toutefois Hermès ne s'en tint pas là, il fit
pousser des reconnaissances et résolut de les
attaquer jusqu'à leurs derniers retranche-

mens. Un fleuve large et profond les séparait
de nous ; il fallut opérer un débarquement
en leur présence. A cet effet un corps de
troupes , divisé en deux parties égales, s'a-
vança en ligne sur deux vastes radeaux construits d'avance , et auxquels étaient adaptées
quelques pièces d'artillerie d'un très petit calibre et chargées à mitraille. Le devant des
radeaux était bastingué de manière à dérober
les troupes aux regards de l'ennemi. C'était
derrière cette faible muraille que nos soldats
abîmaient l'ennemi par des feux aussi rapides
que meurtriers. Cependant ces deux radeaux
marchant de front tenaient déjà le milieu du
fleuve; alors les matelots jetèrent l'ancre , et
les feux recommencèrent sur toute la ligne ,
comme si l'on était sur la terre ferme. Tandis
que les bataillons en ligne nettoyaient ainsi
le rivage, la partie des troupes qui était restée
inactive sur ces deux radeaux , et qu'Hermès
réservait pour le débarquement, se forma en

colonne serrée sur un petit radeau placé dans l'intervalle ménagé entre les deux grands, et à mesure qu'elle prenait terre elle se déployait avec une célérité admirable. Les barbares, effrayés, mirent bientôt tout leur espoir dans la fuite, et nous laissèrent débarquer sans coup férir (*a*). Ils se réfugièrent dans les bois, se glissèrent dans les anfractuosités de leurs montagnes, et bientôt après prirent position sur toutes les hauteurs dont ils purent s'emparer. Hermès donna l'ordre de se porter en avant pour les repousser, et aussitôt je vis s'élancer avec impétuosité un corps de cavalerie légère, d'une organisation tout-à-fait nouvelle, transportant avec lui un même nombre de voltigeurs, ainsi exercés à se mêler avec les cavaliers, à combattre avec eux et à sauter en croupe derrière. Les uns et les au-

---

(*a*) Voyez à la fin des notes la description de ce radeau portatif.

tres étaient indistinctement habillés de vert,
couleur très favorable à ce genre de service,
attendu qu'elle se confond au loin avec la
verdure des bois et des prairies (*a*). Ce mélange de voltigeurs avec la cavalerie me parut
admirable pendant plusieurs petits combats
que l'avant-garde eut à soutenir. Une fois
arrivés à une certaine distance de l'ennemi ;
lestes et dispos, vêtus et armés à la légère, ils
sautaient à terre avec une agilité admirable,
et aussitôt s'embusquaient dans les haies et
cherchaient un terrain propre pour combattre.
On les voyait charger, tirer, assis ou couchés

(*a*) Les anciens ont aussi porté leur attention jusque-
là. Ils déterminèrent la couleur qui devait être affectée
à l'habillement des troupes. C'est ainsi qu'ils adoptèrent
le rouge, parce que cette couleur se confond avec celle
du sang, et que, par cette raison, le soldat, un jour de
combat, faisait moins attention aux blessés. Voyez à la
fin des notes les détails que je donne relativement à l'organisation de ce nouveau corps de cavalerie, dont il est
ici question.

par terre, se traîner à travers les broussailles,
se placer derrière les arbres, tantôt se saisis-
sant des postes les plus favorables sans être
vus, tantôt se pelotonnant tumultuairement
autour de leurs officiers pour former de petits
cercles pleins qui présentaient des feux et des
baïonnettes de tous les côtés, ou bien se dispersant, marchant et combattant isolément,
et surtout évitant de se grouper devant l'ennemi. Je ne tardai pas à m'apercevoir encore
de quelle utilité était ce corps en bataille ran-
gée ; car sur la fin de la journée ces barbares,
irrités des pertes qu'ils avaient essuyées et de
la tenacité de nos troupes, chargèrent avec une
telle impétuosité une des ailes de notre armée,
qu'elle parut un moment s'ébranler, et se dis-
poser à lâcher pied. Hermès s'en aperçut, et
fit porter en avant ce corps composé de cavaliers et de fantassins. Cette aile fut renforcée
par ces derniers avec une telle célérité, que
l'ennemi, forcé de céder à la fin au nombre

n'eut pas le temps de se reconnaître et se
dispersa en désordre, ayant encore à ses trous-
ses les cavaliers qui le culbutèrent et le
taillèrent en pièces. C'est ainsi que ce corps
contribua non seulement au gain de la bataille, mais encore donna à Hermès le moyen
de profiter de sa victoire, en faisant un grand
nombre de prisonniers.

Dans le même moment, un régiment, entièrement composé d'indigènes, chargea sur
des convois ennemis, et intercepta toutes les
communications. Ce n'était, à proprement parler, que des bandes irrégulières guerroyant
pour le butin seulement. Aussi, Hermès ne les
employait-il qu'à un service fort irrégulier, et
auquel notre cavalerie légère était peu exercée (a). Ils entendaient à merveille cette guerre

---

(a) Ces troupes ne coûteraient pas plus à entretenir
que les hussards hongrois, qui, n'étant dans le principe
que de simples paysans marchant sans ordre et sans dis-

de haies et de broussailles où nous nous trou-
vions souvent engagés par la nature même du
terrain. Je les voyais se glisser sur les flancs
et sur les derrières des colonnes, surprendre
les parcs, les convois et les postes isolés, observer tous les mouvemens de l'ennemi en se
tenant toujours tapis dans les bois et les four-
rés. Au premier coup de trompette, ils se
ralliaient avec une célérité incroyable. Du
reste, leurs chefs étaient en partie nationaux,
et en partie non nationaux (7).

Sur ces entrefaites, de nouvelles hordes de
barbares débouchèrent à l'improviste du bois
voisin ; c'était une nuée de cavaliers irréguliers
qui, après avoir harcelé quelque temps notre
arrière-garde, enveloppèrent le gros de l'armée,
et l'enfermèrent comme en un cercle. Hermès

----

cipline, se contentaient du butin qu'ils prenaient sur
l'ennemi. Napoléon lui-même conçut l'idée d'un corps
de Cosaques organisé à la française.

fit aussitôt former des carrés disposés en forme de coins, et exécuter le feu par rang, comme le plus meurtrier contre la cavalerie (*a*).

Il est pourtant vrai de dire que ce ne fut pas sans perdre quelques uns des nôtres; car les moins expérimentés ayant voulu s'avancer trop avant (il est rare qu'une témérité heureuse sache garder quelque mesure) furent à leur tour repoussés par ces barbares, et, au lieu de faire une retraite glorieuse, se firent envelopper. Heureusement Hermès, ayant appris cet échec, envoya quelques pelotons de cavalerie pour les délivrer.

La campagne terminée, cet habile général fit amener les chefs de la révolte, et, après avoir gagné la multitude par l'espérance de l'impunité, il fit choix d'autres chefs parmi les plus braves et les plus dévoués. Des tribus en-

---

(*a*) **Voyez aux notes finales, la description de cette** manœuvre.

tieres, qui s'étaient révoltées pour la seconde fois, furent exportées dans des contrées lointaines que l'état voulait coloniser.

Hermès, ayant ainsi rétabli l'ordre et la paix parmi ces diverses peuplades, rentra dans le sein de sa colonie pour y rendre d'autres services non moins importans. Quant à moi, je le remerciai de la bienveillance qu'il m'avait témoignée pendant mon séjour dans sa colonie, et je me préparai à prendre congé de lui, lorsque, sortant d'une profonde rêverie où il était plongé depuis un moment, il rompit tout-à-coup le silence, et me parla ainsi avant notre séparation : « Un soir, il m'en souvient, c'était peu de temps après notre invasion dans cette contrée, assis sous un groupe de palmiers, et non loin d'une antique sépulture réservée aux nobles défenseurs de ce pays, solitaire je rêvais ; quand tout-à-coup il me sembla voir ces illustres morts soulever de la tombe un front pâle et livide, et me lançant

des regards foudroyans sans proférer une seule parole, exhaler au sein de l'obscurité de longs et sourds gémissemens qui me pénétrèrent jusqu'au fond de l'ame. Enfin un de ces spectres, d'une stature gigantesque, rejetant en arrière le linceul où il était enseveli, et montrant un front couvert de cicatrices, tel qu'un vieux chêne torturé, déchiré par la foudre, m'apostropha en ces termes: « Vainqueur impi-
« toyable, que viens-tu chercher au milieu d'un
« peuple attaché au culte de ses pères, et jadis
« fier de son indépendance ? Viens-tu, levant
« sur lui un bras de fer, prolonger le honteux
« abrutissement où, pendant des siècles, l'ont
« tenu plongé des vainqueurs despotes et
« cruels? Viens-tu, poussé par une infame cu-
« pidité, lui disputer quelques sables arides
« où la nature avare fournit à peine aux be-
« soins les plus nécessiteux? enfin, en despote
« qui pense tenir son autorité uniquement de
« sa place et non des lois de l'état, viens-tu,

« dis-moi, par des impôts injustes, des char-
« ges de toute espèce, désoler, ruiner impi-
« toyablement cette malheureuse contrée, et
« prolonger au sein des familles le désespoir
« que tes prédécesseurs y sont venus jeter? Si
« tel est ton dessein, tremble à ton tour, cruel
« tyran, tremble qu'un peuple injustement
« foulé ne se livre à tous les excès, à tous les
« débordemens qu'auront provoqués d'injus-
« tes traitemens. Ce n'est point en attisant de
« ton épée l'incendie que je vois prêt à écla-
« ter, que tu parviendras à l'éteindre. Non,
« loin de gagner nos cœurs, toi et les tiens
« vous les perdrez à jamais, et nos haines pour
« vous iront toujours croissant comme les
« innombrables générations que j'ai vues s'a-
« monceler dans le torrent des âges. Sache
« bien qu'un peuple subjugué, quoique de
« fait, privé de tous ses droits, n'en reste pas
« moins le seul et légitime maître, même au
« sein de l'esclavage; que ces droits, que cette

« nationalité, ont été de tout temps imprescrip-
« tibles, et que si, par l'injuste rigueur du
« sort, il s'en voit dépouillé, ce n'est que pour
« les revendiquer avec plus d'acharnement
« lorsque des chances de fortune se présente-
« ront à lui. »

« Non, repris-je alors, ma mission n'est
point d'insulter aux malheurs d'un peuple
courageux par des vexations injustes. Je
viens, au nom de ma patrie, dissiper les af-
freuses ténèbres où l'ignorance tient ces peuples encore plongés ; je viens propager au milieu d'eux les lumières de la civilisation en les
initiant aux arts et aux sciences qui peuvent le
plus contribuer à leur bonheur. Mais, tout en
les retirant du fond de leurs déserts, pour les
amener peu à peu à un genre de vie plus conforme à la dignité de l'espèce humaine, nous
respecterons leurs mœurs, leurs usages, leurs
idées religieuses, laissant au temps le soin d'a-
bolir une multitude de préjugés absurdes,

barbares, et dignes en tout des bêtes féroces auxquelles ils vont disputer de misérables tanières.

« A notre entrée dans ce pays, nous avons vu vos concitoyens s'entr'égorger; nous avons vu l'autorité légitime foulée aux pieds, les lois méprisées, l'ordre et la sûreté compromis, la justice, le commerce, l'agriculture, la police, ignorés ou négligés; un peuple étranger les écrasait sous le poids des impôts et des corvées ; nous sommes venus étendre sur eux un bras protecteur, et leur rendre cette noble indépendance qui, pour les peuples éclairés, a toujours été le plus noble et le plus précieux de tous les biens. »

« S'il en est ainsi, répondit le fantôme, on
« verra bientôt s'éteindre cet esprit de haine et
« de vengeance qu'entretient votre présence
« au milieu de nous; on verra votre nation
« unie à la nôtre par les nœuds d'une étroite
« alliance, combattre sous les mêmes banniè-

« res pour le maintien de leur liberté respec-
« tive. Sois donc le bien-venu, vainqueur vrai-
« ment grand, vraiment généreux ; ton nom,
« gravé dans tous les cœurs, vivra plus que l'ai-
« rain, plus que le marbre où sont suspendus
« tes trophées. » A ces mots, il fit un signe de
tête et tous ces innombrables fantômes s'ense-
velirent dans la tombe, et me laissèrent livré
à de profondes méditations.

« Je compris que dans l'importante mission
dont j'étais chargé, ce que j'avais de mieux à
faire, c'était de m'éclairer à chaque pas du
flambeau de l'expérience. Défions-nous, me
suis-je dit souvent, de tout succès pré-
maturé ; la marche de la nature est toujours lente et graduelle. Ce grand principe
a été constamment la règle de ma conduite.

« J'ai donc étudié long-temps le naturel de ces
peuples demi-barbares, demi-civilisés ; j'ai cru
devoir les traiter en toute occasion avec douceur et justice ; mais toutes les fois que, par

des actes de férocité commis à notre égard,
ils ont eux-mêmes provoqué ma sévérité, je
les ai toujours terrifiés par des châtimens publics aussi prompts que rigoureux. Quant aux
révoltes que j'ai vues quelquefois éclater, malgré toute ma prudence, je ne m'en suis pris
le plus souvent qu'aux principaux chefs, et
leur prompte extradition du pays a suffi assez
ordinairement pour rétablir l'ordre, et prévenir de nouvelles insurrections souvent plus
dangereuses. Si quelquefois elle a eu lieu en
masse à l'égard des tribus insurgées, c'est que
l'exemple était devenu tellement contagieux,
qu'il était à craindre qu'il ne se communiquât
à celles qui étaient restées dans le devoir; mais
toutefois cette extradition n'a jamais eu lieu
arbitrairement : des juges, en partie tirés de
ces tribus, et choisis parmi les plus éclairés,
ont toujours été appelés à juger leurs propres
concitoyens. J'ai d'ailleurs été religieux obser-
vateur de mes sermens; j'avais promis de res-

pecter leur culte, leurs mœurs, leurs monumens, même ceux auxquels ils rattachaient des
idées souvent frivoles et ridicules, j'ai tenu mes
promesses; sachant, quant aux mœurs, que,
devant être inspirées plutôt qu'établies, l'exemple avait sur elles plus d'empire et plus d'effet
que tout l'absolutisme des lois. Mon gouvernement ainsi affermi sur ses bases, et soutenu
par des forces imposantes, je me suis occupé
de donner à cet établissement une prospérité
qui lui manquait. Vous l'avez vu, l'agriculture, le commerce, la marine, également en-
couragés, occupent tous les bras en même
temps qu'ils utilisent toutes les productions
du sol ; d'où est résulté une aisance générale pour ces masses d'individus que la
misère vient quelquefois anéantir au sein d'une
honteuse oisiveté. L'avenir du soldat est pareillement assuré. En entrant dans la carrière,
il entrevoit pour ses vieux jours un bien-être
qu'il s'efforce de mériter par une bravoure et

une fidélité souvent à toute épreuve (*a*); et la
perspective des honneurs militaires, auxquels
il peut atteindre avec des talens, entretient en
lui cet enthousiasme, ce feu sacré si précieux
dans le noble métier des armes (8). Une bonne
cavalerie nous manquait; j'ai pourvu de suite à
la régénération d'une espèce de chevaux
excellente, à la vérité, mais abâtardie depuis
des siècles par l'incurie de ces barbares. Enfin, dévoué au bonheur de cette colonie, ab-
sorbé tout entier par cette seule idée, il n'est
point de péril, il n'est point d'obstacle devant
qui j'aie cédé ni fléchi, et ce n'est qu'à force

(*a*) « Les bêtes sauvages, disait Tibère Gracchus, ont
des tanières pour se retirer; et des hommes, qu'on dit
les maîtres de l'univers, n'ont pas un toit pour se mettre
à couvert de l'injure du temps. Il ne leur reste que les
cicatrices des blessures qu'ils ont reçues dans les combats
en servant la patrie. Grace à la paternelle et constante
sollicitude de l'infatigable ministre chargé de la réorga-
nisation de nos armées, le soldat français n'aura jamais
lieu de faire à sa patrie un semblable reproche.

de persévérance et de tenacité que je suis parvenu aux résultats que vous voyez. C'est ainsi que j'ai forcé à sortir de son inertie une nation jadis florissante et belliqueuse, mais descendue au dernier degré de l'abrutissement sous le joug avilissant d'un vainqueur barbare et despote. Je désire sincèrement que les documens que vous êtes venu chercher dans son sein aient pu contribuer à votre instruction; mais n'oubliez jamais qu'en tout établissement de ce genre, le temps est de tous les moyens que vous puissiez employer, celui dont vous devez le plus attendre pour assurer vos succès. »

A ces mots, Hermès m'embrassa cordialement, et me souhaita un prompt et heureux voyage. Quant à moi, je m'embarquai le même jour pour retourner dans ma patrie, et pendant la traversée, mon cher Antenor, je m'occupai sérieusement à rassembler les nombreux matériaux que j'avais recueillis dans le cours de mes entretiens avec Hermès, et j'en formai ce petit corps d'ouvrage que je viens vous offrir aujourd'hui comme un gage de mon estime et de mon attachement pour vous. Puissé-je avoir contribué un jour à vos succès dans la carrière épineuse que vous êtes appelé à parcourir !

FIN DE LA SIXIÈME JOURNÉE.

NOTES

DE

LA SIXIÈME JOURNÉE.

---

(1) La maxime *jouir du bénéfice du temps* est plutôt nuisible qu'avantageuse avec des nations barbares sur la foi desquelles on ne peut jamais se fier; en venir promptement aux actes de vigueur est la meilleure marche à suivre. C'est ainsi que, dans la guerre d'Afrique, Métellus, pour terrifier l'ennemi qui le harcelait sans cesse, mena son armée dans les cantons les plus riches de la Numidie, ravagea leurs campagnes, brûla leurs vignes, fit massacrer tout ce qui pouvait porter les armes. Après cette terrible leçon, les sauvages, domptés par la terreur, s'empressèrent, pour avoir quelque trêve, de lui envoyer des provisions de toute espèce et en abondance. C'est ainsi que M. le

maréchal Clausel et M. le duc de Rovigo en ont agi
dans les expéditions pleines de vigueur qu'ils ont
été forcés d'entreprendre contre certaines tribus
arabes qui s'étaient révoltées.

(2) L'armée suédoise se compose ainsi de deux
élémens distincts, savoir : des troupes en service
actif, 6,867 hommes, et des troupes colonisées,
environ 30,000 hommes, dont 5,000 de cavalerie;
les régimens dans lesquels elles sont réparties, sont
cantonnés dans les provinces dont ils portent le
nom; ils y possèdent des terres en propre, qu'ils
cultivent la plus grande partie de l'année. Seulement,
aux époques où les travaux agricoles languissent,
on emploie les régimens d'infanterie au terrasse-
ment des routes ou aux canaux. Le dimanche, ils
se réunissent en corps pour faire l'exercice, et, pendant le mois de juin, ils quittent leurs cantonnemens
respectifs pour se concentrer et exécuter les grandes manœuvres. Loin que cette vie guerrière et agricole nuise à leur instruction, il est peu de troupes
qui aient une meilleure tenue; la cavalerie surtout
se fait remarquer par son à-plomb. Les équipages
de la flotte sont aussi colonisés, et on vante l'habileté de la petite marine suédoise.

(3) C'est ce que David fait observer à Saül, lorsqu'il voulut le revêtir de ses armes pour aller combattre Goliath. Au reste, s'il faut appuyer d'un exemple ce que j'avance ici en principe, je citerai celui que me fournit l'histoire du Bas-Empire. J'y vois qu'une des causes de la décadence de l'empire romain date de l'époque où cet état, laissant ses propres forces s'avilir dans un honteux repos, adopta l'usage de n'employer que des troupes gothiques dans ses armées. Toutefois, comme je le fais observer, ce principe ne sera plus applicable aux peuplades qui habitent le territoire d'Alger, lorsque le temps, les relations habituelles, l'intérêt général, auront rapproché deux nations destinées à vivre désormais en bonne harmonie, et dont la fusion doit nécessairement s'opérer un peu plus tôt ou un peu plus tard. Les Arabes ou Maures peuvent devenir d'excellens soldats, et sont d'ailleurs très disposés à recevoir l'impulsion qu'on voudra leur donner. Ils nous seront d'autant plus attachés qu'ils se rappelleront long-temps l'affreuse solitude où leur nation a été plongée pendant la domination des Turcs.

(4) L'empereur Probus avait si bien senti la nécessité d'occuper le soldat, dans l'intérêt de la dis-

cipline, que, pour le tenir sans cesse en haleine et pour le sortir de cet état d'oisiveté où il aime volontiers à croupir, il l'employait en temps de paix à tous les travaux publics qu'exigeaient les besoins de l'état. Mais, sans remonter si haut, ne savons-nous pas que c'est en grande partie avec les bras de leurs soldats que Pierre Ier et Louis XIV firent construire, l'un ses travaux de géant sur les bords de la Baltique, l'autre l'aqueduc de Maintenon et le château de Versailles, idée qui lui fut suggérée par Colbert. Pourquoi le gouvernement français n'emploierait-il pas de même le soldat à la culture des friches, au dessèchement des marais, à la plantation des bois? Ce service seul pourrait créer à la France un revenu de plus de 5o millions, représentant, à 3 p. o/o, revenu moyen des fonds de terre, un capital de 1,65o,ooo,ooo fr., sans compter l'économie qui en résulterait pour l'armée, et qui s'élèverait à 6o millions, en calculant de cette manière: le soldat travaillant à la tâche, le terme moyen de ses journées est de 1o sous au lieu de 3o sous, moyenne de la main-d'œuvre du prolétaire. Ainsi, par exemple, en employant pendant six mois 2oo,ooo soldats aux travaux, au lieu de 2oo,ooo ouvriers, on aurait pour 100,000 fr. ce qui, de l'autre manière, coûterait 300,000 fr.

On voit combien les états se portent préjudice en gardant sur pied des armées trop considérables. Un état souffre de deux manières, dit à ce sujet la *Revue Britannique* (a), savoir : par l'exagération de son état militaire, et par celle de l'état militaire de ses voisins ; car ce ne sont pas seulement les soldats que nous payons qui sont pour nous un impôt énorme ; ceux que salarient les autres états sont aussi pour nous-mêmes une charge très lourde et une espèce de contribution indirecte. Voici comment : les nations qui les soldent ayant, en recrutant leur armée, retranché du nombre des travailleurs cent, deux cent, trois cent mille hommes, voient par conséquent diminuer la masse de leur produit, et par suite celle de leurs richesses. Dès lors elles ne peuvent plus acquérir et consommer autant de productions étrangères. Ainsi, par exem-

---

(a) **Revue Britannique** du 15 septembre 1831. C'est de ce numéro que nous avons extrait en grande partie les documens statistiques que nous donnons dans cette note.

ple, en 1826, l'Europe avait 2,331,122 hommes
sous les armes : or, en évaluant la moyenne de la
journée qu'ils auraient pu gagner à 1 fr. 5o c., c'é-
tait une valeur de 1,058,007,900 fr. en main-d'œuvre que l'Europe perdait tous les ans. Cette perte
se serait encore fort accrue en 1831, puisqu'il existait 588,240 hommes de plus sous le drapeau. En
partant de la même base, ce serait donc une perte
annuelle de 1,322,715,900 francs que feraient les
divers états européens, s'ils prolongeaient cet état de
choses. Qu'on ajoute à cela le matériel, les cons-
tructions militaires, toute espèce de projectiles de
campagne, les chevaux enlevés à l'agriculture, etc.,
et on arrivera à un total approximatif de toutes les
pertes qui en résultent. La Prusse a tellement senti
l'inconvénient d'une armée trop nombreuse en
temps de paix, que, pour ménager ses finances et
ses peuples, elle tient la sienne en congé, ou du
moins la plus grande partie, ne gardant sous les
armes que les hommes dont l'instruction n'est pas
terminée ; et par là elle ne perd pas le travail de
près de deux cent mille hommes, chiffre qui est celui de son armée en temps de paix.

L'armée russe, sur le pied de paix, est de 670,000

hommes ; mais, en temps de guerre, cette puissance n'a jamais pu mobiliser plus de 3oo,ooo hommes.

(5) Les Romains faisaient grand usage de ces enceintes fortifiées. C'est ainsi que Fabius, à une journée de marche, dit l'auteur des *Considérations sur l'art de la Guerre*, pouvait avec circonspection suivre tous les mouvemens d'Annibal, et se renfermer dans un camp doublement fortifié par l'art et la nature dès que l'ennemi approchait : car tel est l'avantage des camps retranchés, qu'un général peut éviter la bataille aussi long-temps qu'il le juge convenable.

On se rappelle le beau camp retranché que M. le lieutenant-général Valazé fit établir à Sidi-Ferruch avec autant d'habileté que de promptitude.

Comment Annibal vint-il à bout de se refaire de toutes les pertes qu'il avait essuyées en Italie? Ce fut en formant une vaste place d'armes dans la presqu'île du Brutium, où il transporta tous ses magasins et ses dépôts ainsi que ses recrues. C'est là qu'il réorganisa son armée, opérant souvent des sorties pour fondre sur ses ennemis.

(6) Quand Alexandre entra dans les déserts de la Sogdiane, il eut grand soin de laisser dans la

Bactriane tous les bagages et tout l'attirail des
troupes, ne voulant avec lui qu'une armée qui pût
se mouvoir avec célérité, et ne marchant que la
nuit pendant les grosses chaleurs. (QUINTE-CURCE.)
Lisez pareillement, dans Salluste, l'ordre de marche de Marius dans la campagne d'Afrique. Ce général, dit-il, marchait en large colonne formée
par légions, comme si l'ennemi eût été à sa poursuite. Sylla avec la cavalerie, Manlius avec les fron-
deurs, les archers et les cohortes liguriennes, flan-
quaient et protégeaient l'un la droite, l'autre la
gauche de la colonne. L'avant-garde et l'arrière-
garde, commandées par des tribuns, étaient composées de cohortes légionnaires sans sacs ; ils en-
voyaient au loin des transfuges du pays pour obtenir des nouvelles de l'armée.

L'on voit par ces deux endroits que les généraux,
chez les anciens, évitaient quelquefois à leurs troupes le désagrément des grosses chaleurs en les faisant marcher de nuit, et que, dans les marches
forcées, ils allégeaient souvent le soldat de toute la
charge qu'il était tenu de porter. C'était une sollicitude continuelle qu'ils avaient pour leurs troupes,
et que nous devrions imiter. Les régimens que nous

avons actuellement en Afrique la réclament plus que jamais. Dans les diverses expéditions qui ont eu lieu dans ce pays, combien de fois est-il arrivé au soldat de se débarrasser de son sac, ou de rejeter les effets qu'il renfermait pour rendre sa marche moins pénible ? Combien de fois n'a-t-il pas maudit ce collet d'habit agrafé à son cou comme un carcan, et dont l'usage est si contraire à la santé ? Le soldat, je le sais, ne doit point s'occuper du soin de sa personne ; mais ses chefs doivent le faire pour lui. Pourquoi ne donnerait-on pas à l'infanterie le collet évasé, comme le porte la cavalerie, puisqu'au dire des gens de l'art, l'usage du collet agrafé peut à la longue être cause d'un grand nombre de cas d'apoplexie ? Pourquoi, sous un ciel aussi brûlant que celui de l'Afrique, les marches ne s'effectueraient-elles pas de nuit, quand d'ailleurs rien ne l'exige autrement ? Pourquoi enfin les troupes légères ne seraient-elles pas débarrassées de ce sac si lourd et si incommode, et qui nuit tant à la célérité des mouvemens, tandis qu'en attachant à chaque régiment d'infanterie légère un certain nombre de dromadaires, animaux si communs dans ce pays, on aurait des moyens de transport faciles et peu coûteux? Enfin, pourquoi ne pas faire observer aux troupes l'hygiène que suivent les naturels du pays? Que de maladies on éviterait avec un peu de soin ! Ainsi, par exemple (s'il m'est permis, dans une note, de descendre à toutes les minuties qui ne peuvent intéresser que les gens du métier), je ferai part d'une observation que je crois de quelque utilité à la santé des troupes que nous avons actuellement en Afrique. Rien ne me semble plus contraire que l'usage du linge qu'on leur laisse encore, surtout en campagne. Dans un pays exposé tout à la fois à des chaleurs excessives et à des vents de mer souvent très froids, le coton, la laine, ou plutôt la flanelle, vêtement dont les indigènes font usage, me semblent bien préférables pour maintenir le cours de la transpiration.

Veut-on savoir d'une manière certaine quelles réformes sont à faire dans l'intérieur des régimens, soit pour l'équipement et l'habillement des troupes, soit pour tout autre objet? le moyen est bien simple, ce me semble; c'est de consulter tous les chefs de corps. Leurs observations, basées elles-mêmes sur celles de leurs officiers, sont envoyées à l'autorité compétente, qui statue et décide en dernier ressort à l'aide de ces premiers documens. Mais si l'on confie cette partie intéressante de l'administration militaire à qui n'a jamais su ce que c'était qu'un régiment, il n'y a pas de doute qu'on n'arrivera jamais au but qu'on se propose.

(7) La prudence semble elle-même indiquer une pareille mesure; car peut-on avoir une confiance bien étendue dans le dévouement d'un chef étranger, d'autant plus porté à s'emparer de l'esprit des troupes qu'il les voit elles-mêmes s'affectionner à lui par cela même qu'il appartient à leur nation? Alexandre en sentit tellement l'inconvénient, qu'il régla que sa cavalerie, qui auparavant formait des corps séparés et distingués chacun par leur nation, serait, sans égard à cette distinction, sous des chefs non nationaux, mais choisis à son gré.

(8) Si l'on veut relever la profession des armes autant qu'elle le mérite, ce n'est pas d'y attacher de gros traitemens, mais beaucoup d'honneurs et de considération, et de rechercher tout ce qui peut flatter l'esprit du soldat. Chez les anciens, on ne manquait pas de rendre honneur aux soldats émérites. Alexandre, toutes les fois qu'il y avait des

prix et des exercices publics, les faisait placer au premier rang des spectateurs; il ordonna qu'après leur mort les enfans, même avant l'âge de puberté, continueraient à jouir de la solde de leurs pères. Ayant une autre fois licencié tous ceux que leur santé mettait hors d'état de servir, il garda auprès de lui les enfans qu'ils avaient eus des femmes asiatiques, de peur qu'en passant avec leurs pères dans la Macédoine, et que, se mêlant avec leurs premières femmes et leurs enfans, ils ne devinssent dans chaque famille des objets de division et de désordre. Il leur fit donner l'éducation nationale et former dans les exercices militaires. De tels exemples prouvent le soin qu'il prenait de ses troupes. Chez les Romains on distribuait de grandes sommes d'argent aux troupes en forme de présens. César donna d'une seule fois à chaque soldat vétéran 16 francs 12 sous. Mais ces distributions en argent, je le remarque en passant, sont pernicieuses, parce que le soldat en fait toujours un mauvais usage.

J'ai dit qu'il ne fallait pas négliger ce qui pouvait flatter l'amour-propre du soldat; cela est si vrai que si on ôtait aux grenadiers ou aux voltigeurs les épaulettes qui sont la marque distinctive des com-

pagnies d'élite, il n'est pas de plus grande peine
qu'on pût leur faire. Dans un métier qui n'est qu'illusions, c'est à l'imagination qu'il faut sans cesse
s'attaquer. Qu'on donne à toute l'infanterie la mous-
tache comme à la cavalerie, et il n'y a pas de fantassin, si chétif qu'il soit, qui ne se sente aussitôt
grandir de six pieds, et qui ne se croie un héros
digne de l'Iliade.

Radeaux portatifs.

Voici la description du radeau qu'Alexandre fit
construire pour son passage du Granique :

« Il embarqua son armée sur des radeaux qu'on
avait préparés à cet effet ; il avait placé à la proue
des soldats qu'on avait armés de boucliers, avec
ordre de se tenir sur les genoux pour être moins
exposés aux traits. Derrière eux étaient debout ceux
qui faisaient jouer les machines, soutenus au-devant
et sur les flancs par des gens armés. Les autres, pos-
tés derrière les machines, faisaient la tortue avec
leurs boucliers pour couvrir les rameurs, armés seulement de corselets. C'était encore les mêmes dis-

positions sur les radeaux qui portaient la cavalerie.
Quant à ceux qui passaient sur des outres remplies
de paille, ils étaient couverts par des radeaux qui
les devançaient (QUINTE-CURCE). » A l'instar de ce
radeau , voilà ceux que j'imagine et que je soumets
à l'examen des gens de l'art; ce n'est au reste qu'une
première idée, qui ne peut guère prendre de consistance qu'après avoir été l'objet d'un examen sévère
dans ses moindres détails; mais telle qu'elle , la
voici , sauf correction.

Je construis deux radeaux de pièces rapportées
et préparées à l'avance, de sorte que , devant l'ennemi, on n'ait à s'occuper que de l'assemblage, encore le peut-on faire préférablement de nuit. La
forme de ces radeaux est à peu près carrée. Ils sont
bastingués par devant pour mettre les hommes à
couvert des balles et de la mitraille : c'est ainsi que
cela se pratique sur les bâtimens de guerre. Ces
radeaux sont garnis de pièces de petit calibre et
chargées à mitraille. Ils doivent être flanqués par
deux bateaux à vapeur qui les conduiront rapidement au milieu du fleuve. Là on jettera l'ancre et
les feux s'exécuteront comme si on était de pied
ferme. Les bateaux à vapeur chargés de grosse ar-

tillerie protégeront aussi le débarquement des troupes.

Les petits radeaux (B) (pl. 1re) seront destinés à transporter les troupes qui doivent débarquer les premières, et s'avanceront peu à peu, soutenus par le feu des deux grands radeaux. Ces petits radeaux ne seront point bastingués et se trouveront placés au milieu, c'est-à-dire dans l'intervalle ménagé entre les deux grands radeaux, comme on le voit dans la planche.

Les troupes se placeront en colonnes serrées sur ces petits radeaux et marcheront à l'ennemi comme si elles exécutaient le passage du défilé en avant. Elles s'avanceront ainsi vers la plage, tandis que l'ennemi, contrarié par les feux, se retirera, et elles auront soin de se déployer en débarquant.

Voici maintenant quelques détails sur la construction de ces radeaux, dont le transport n'exigera aucun chariot, n'étant composés que de pièces susceptibles d'être portées à bras d'homme.

Planche 2, *fig.* 1re.

Supposons une compagnie de cent hommes pris parmi les pontonniers, et spécialement chargés de la construction de ces radeaux. Dans le rang, ils sont comptés par quatre et portent chacun une poutrelle de six pieds de long sur un demi-pied de large, dimension de l'équarissage (*a*).

Chaque homme est en même temps porteur de l'écrou qui doit servir à l'assemblage des pièces, car je ne veux ni clous ni marteaux.

Arrivés sur le terrain, chacun se place vis-à-vis l'un de l'autre, de manière à former un quadrille, dépose sa poutrelle à terre; et ces quatre pièces, toujours préparées d'avance comme on le voit dans la fig. 1re, sont assemblées sans aucune perte de temps.

Il faut quatre minutes à peu près pour monter un châssis et quatre hommes par châssis, ce qui fait quatre minutes pour avoir vingt-cinq châssis tout confectionnés. Telle est la première opération.

Deuxième opération : ces châssis sont joints les

______

(*a*) Toutes ces dimensions ne sont pas invariablement déterminées. C'est au calcul à les fixer d'une manière exacte. Je me contente ici d'exposer ma première idée.

uns aux autres, et quatre par quatre avec des écrous comme on le voit dans la fig. 2.

D'autres pontonniers portant chacun deux planches de six pieds de long sur un pouce d'épaisseur, plus ou moins, les placent à l'instant sur le châssis de manière à former un plancher uni. Comme toutes ces pièces ont été préparées d'avance, on ne doit éprouver aucun retard pour leur assemblage. Les poutrelles qui supportent les planches doivent être évidées de l'épaisseur de ces planches, afin que celles-ci, réunies ensemble, forment un plancher qui soit de niveau avec les poutrelles du châssis. Toutes ces planches sont assujéties au moyen de deux bandes de fer transversales, comme on le voit dans la figure, ayant deux ou trois lignes d'épaisseur environ; elles sont fixées aux deux bouts par de petits écrous. Cette opération peut se faire en cinq minutes à peu près (fig. 3).

Ainsi, en neuf minutes on a cinq fractions de radeau de douze pieds carrés chacune, toutes prêtes à être lancées à l'eau.

Troisième opération : ces portions de radeau sont bastinguées avant d'être lancées. Au moyen de mortaises taillées dans les poutrelles formant le devant du radeau, on fixe des piquets de trois à quatre pieds de haut environ, attachés également avec des petits écrous. Des hommes chargés de toiles et de laines en forment des bastingues qu'ils adaptent à ces piquets; c'est l'affaire de quelques minutes.

Quatrième opération : avant de lancer à l'eau ces fractions de radeau, on adaptera des goussets de trois pieds de long, et de distance en distance aux poutrelles qui forment les extrémités ou les bords du radeau (fig. 4). Ces dernières pièces s'adapteront sur les poutrelles de la même manière que les piquets qui ont servi aux bastingues. A ces goussets seront attachés, au moyen d'un crochet en fer, soit des tonneaux vides hermétiquement fermés et bien goudronnés, soit des outres en suffisante quantité, et cela pour prévenir l'immersion des radeaux. La charge qu'on leur fera supporter, la dimension des tonneaux ou des outres, détermineront le nombre de ces derniers agens autour de chaque radeau. Il suffit pour cela de faire le calcul pour une fraction de radeau de douze pieds carrés ou quatre châssis, sur laquelle on peut, je crois, placer une soixantaine d'hommes au moins, en calculant sur trois pieds par homme.

Les tonneaux devront se monter et démonter à volonté : un peu de pratique suffira pour y habituer les hommes. Ces tonneaux, ainsi démontés, ne feront aucun volume, occuperont peu de place et peuvent aisément, en campagne, se porter à dos d'homme. Si les outres pouvaient remplacer les tonneaux cela vaudrait encore mieux.

Telle est la construction de mes radeaux. Je ne sais si je me suis bien expliqué, mais il me semble qu'en moins d'une heure, on peut avoir des radeaux commodes pour effectuer un débarquement en vue de l'ennemi ; et ces radeaux ont encore cela à leur avantage, qu'ils n'exigent aucun attirail pour leur transport, n'étant composés que de pièces rapportées.

Mais, je le répète, ce n'est là qu'une première idée ; il faut nécessairement en soumettre les détails à des calculs algébriques, si l'on veut en tirer quelque parti.

Corps de cavalerie propre à transporter de l'infanterie.

De tout temps on a senti le besoin d'une infanterie qui pût se transporter aussi rapidement que la cavalerie, soit pour occuper un poste essentiel que le moindre retard pourrait faire perdre, soit pour se placer près d'un défilé dont on ne pourrait débusquer l'ennemi qu'à coups de fusil. Je dis de tout temps ; car Alexandre lui-même avait dans son armée un corps de cavaliers appelé Dimaches, dont l'institution était à peu près la même que celle de nos dragons. Ils étaient à cheval et armés pesamment ; mais quand l'occasion ou le lieu le requérait, ils mettaient pied à terre pour le combat. Sous Louis XIV, les chevaux de paysan, avec leur harnachement étaient mis quelquefois en réquisition, et l'on y faisait monter l'infanterie destinée aux avant-gardes.

Mais c'est en Afrique surtout où le besoin d'une pareille infanterie se fera sentir. Un de nos stratégistes modernes a émis à ce sujet une idée qui me paraît excellente et d'une exécution facile, c'est de faire monter des fantassins en croupe derrière des cavaliers, idée que les Romains avaient déjà mise à exécution. « Il faut, dit-il, donner à ces cavaliers une selle presque rase par derrière, laisser leur porte-manteau par devant, et ajouter à l'étrier du montoir une courroie bridée pour l'aider à sauter en croupe, son fusil en bandoulière : 1,000 cavaliers transporteront ainsi mille fantassins. » On objectera peut-être que ces cavaliers ne seront pas assez solides sur des selles rases pour charger ; mais ne pourrait-on pas remédier à cet inconvénient en imaginant une palette qui ne ferait point corps avec la selle, et qu'on ôterait ou qu'on remettrait *ad libitum* par le moyen d'un ressort ?

Au surplus, tout soldat destiné à servir dans ce corps en Afrique devrait être habillé conformément à ce genre de service. Des pantalons larges, une veste à la mamelouck, une ceinture en cuir qui remplacerait la giberne, un fusil de voltigeur, point de sabre, voilà, je crois, ce qui conviendrait à ce fantassin de nouvelle création.

On emploierait préférablement à ce genre de service les hommes de petite taille, vifs, secs et nerveux, tels que les pays méridionaux en fournissent assez communément.

Si le fusil en bandoulière le gênait pour sauter à cheval, il pourrait le passer, du côté du montoir, au cavalier qui le saisirait de la main gauche, appuyant la crosse au défaut de la cuisse ; le fantassin, une fois à cheval, le reprendrait de la même main et le passerait en bandoulière.

Manœuvre d'infanterie dite le coin ou tête de porc.

Cette disposition triangulaire des trois bataillons de guerre d'un régiment d'infanterie me paraît excellente pour s'avancer en plaine au milieu d'une cavalerie nombreuse qui viendrait le harceler et intercepter son passage. Je donne à cette manœuvre la dénomination de coin ou tête de porc, d'après une légère ressemblance que j'y trouve avec cette fameuse phalange macédonienne dont les anciens se servaient pour enfoncer les rangs de l'ennemi. Voici, si je ne me trompe, quels sont les avantages résultant d'une pareille formation : 1º Les carrés se trouvent disposés de telle manière qu'ils peuvent chacun se soutenir mutuellement sans courir le risque de se fusiller entre eux, quoique très rapprochés les uns des autres, comme on le voit par l'échelle qui est au bas de la planche (*a*). On voit, par la figure, que le carré C a dépassé de quelques pas la base du triangle F, distance jugée nécessaire

---

(*a*) Ces distances ne sont pas invariablement déterminées. Il sera facile, dans l'examen qui pourrait s'en faire sur le terrain, de rectifier ce qu'il y a de vicieux dans les détails de la manœuvre.

pour que ses feux n'atteignent point le carré B, de même que le carré B peut exécuter les siens devant le carré C sans aucun danger. D'après ces dispositions, chaque face attaquée est soutenue de trois feux consécutifs, chacun de trois rangs. Ainsi, par exemple : l'ennemi veut-il attaquer la face 1 du carré B, celle-ci est soutenue par les feux directs de la face 3 du carré C et ceux obliques ou directs de la face 3 du carré A. On remarquera aussi que, dans cette disposition, les angles des carrés sont également défendus, écueil qui a toujours existé dans toute formation en carré. Enfin, si l'ennemi voulait attaquer la face 2 du carré A, il aura cinq feux à essuyer, comme on peut s'en convaincre en jetant les yeux sur la planche.

Le moral des soldats ne peut que gagner à une pareille disposition, parce que, se voyant soutenus de tous côtés, ils sentent qu'avec un peu de courage ils peuvent tenir tête à l'ennemi aussi long-temps qu'ils voudront. Formés en trois carrés sur un espace très circonscrit, comme on le voit par la pl. 2, ils s'observent, s'étudient les uns les autres, et chacun se fait un point d'honneur de ne pas laisser entamer le carré dont il fait partie. Les chefs,

de leur côté, sont plus à portée de surveiller le soldat et de s'en faire entendre. Enfin, si les carrés
sont mis en mouvement, il y aura moins de désordre, moins d'ouvertures dans les files que dans un
carré beaucoup plus grand. D'un autre côté, l'ennemi trouvera moins de facilité à faire des trouées,
ce qu'il aurait pu espérer en attaquant des faces plus
étendues. Quant au feu, je pense qu'il doit être fait
de la manière suivante. Les faces attaquées feront les
feux par rangs, comme étant les plus meurtriers. Les
faces des carrés qui devront, d'après leur disposition sur le terrain, soutenir les faces attaquées, feront des feux de rang, de manière qu'il n'y ait jamais d'intervalle bien marqué dans les feux, afin
de ne pas donner le temps aux chevaux, déjà éton-
nés par les premières décharges, de reprendre du
calme et du sang-froid.

Les faces 4 et 2 du carré B et la face 3 du carré C,
étant les seules qui ne soient pas soutenues, seront
formées sur quatre rangs, ce qui s'opérera en faisant faire demi-tour au 3ᵉ rang d'une des faces de
ces carrés (*Voyez* la planche.), et ensuite serrer
sur le 3ᵉ rang de ces faces mentionnées. Le 4ᵉ rang
chargera seulement ses armes, et les fera passer au

3ᵉ rang, qui, par ce moyen, pourra faire un second
feu sans aucun intervalle bien sensible, ayant soin
de repasser de la main gauche au 4ᵉ rang les armes
déchargées, pour les recharger de nouveau.

La manœuvre pourra s'exécuter de la manière
suivante. Les trois bataillons marchant en colonne,
à distance de peloton, et observant entre eux l'intervalle indiqué dans la planche. Au commandement, Formez les carrés, le bataillon B commandera
halte, et se formera promptement en carré; le bataillon A se portera, à l'avertissement de son chef, et
avec le plus de célérité possible, à la place où il doit
se former en carré, c'est-à-dire après avoir marché
le nombre de pas indiqué (même planche) perpendiculairement à la ligne de formation du carré B.
Le bataillon C, au même commandement, se portera avec autant de promptitude à la place qu'il doit
occuper en carré, c'est-à-dire après avoir marché 20 pas environ perpendiculairement à la même
ligne de formation du carré B, qui, d'après la planche, est la base du triangle qu'on a tracé pour donner une idée de la disposition de ces trois carrés.

L'adjudant-major, et les sous-officiers, représen-
tés sur la planche par ce signe +, seront chargés

des distances que doivent observer entre eux les trois carrés, s'ils sont mis en mouvement.

En résumé, un des grands avantages de cette manœuvre, c'est de procurer à chaque face attaquée trois feux consécutifs et croisés dans tous les sens, et, en outre, d'offrir à celui des 3 carrés qui aurait été détruit, un moyen prompt de se rallier : ainsi, par exemple, supposons dans ce cas le carré A, les hommes de ce carré se reformeraient aussitôt en ligne dans l'intervalle de 186 pas, qui existe du carré B au carré C, se plaçant à la droite et à la gauche de leur drapeau, qui serait venu le premier s'établir sur cette ligne, faisant face à l'ennemi.

Principes fondamentaux de l'art militaire (a).

1° Partir d'une base d'opération formée de places de dépôts, d'où l'on puisse tirer des vivres, des munitions, des armes, des recrues, base qui, gardée

---

(*a*) Ces principes sont extraits d'une petite brochure que l'on doit à l'auteur des *Considérations sur l'art de la guerre*.

par des troupes de dépôt, se transformera en ligne de défense en cas d'échec ;

2° Vivre de ses magasins, et en établir par conséquent à portée de l'armée ;

3° Éviter les campagnes meurtrières d'hiver, et camper sous des tentes, afin de conserver le soldat;

4° Prendre position, et camper en ordre de bataille ;

5° Dégager ses flancs, assurer ses derrières et ses lignes d'opération ;

6° Fortifier les défilés et les passages des fleuves qu'on laisse en arrière;

7° Ne laisser sur ses derrières aucune place importante ;

8° Ne hasarder que peu de batailles, et dans le cas seulement où l'on ne pourrait atteindre le but de l'expédition sans une victoire ;

9° Éviter de se battre en compromettant le chemin de la retraite;

10° Tenir ses troupes réunies, ou du moins avoir ses détachemens à portée de rejoindre avant que l'ennemi ne puisse les attaquer isolément et les séparer ;

11° Fortifier ses camps dans les occasions critiques ;

12° Se créer une nouvelle base d'opération en pays ennemi lorsqu'on s'éloigne de plus de 6 ou 8 journées de la première; se munir de places du moment propres à mettre en sûreté les vivres, les munitions, les hôpitaux, les magasins, et à servir de point d'appui aux mouvemens de l'armée.

TABLE DES MATIÈRES.

FIN DE LA TABLE.

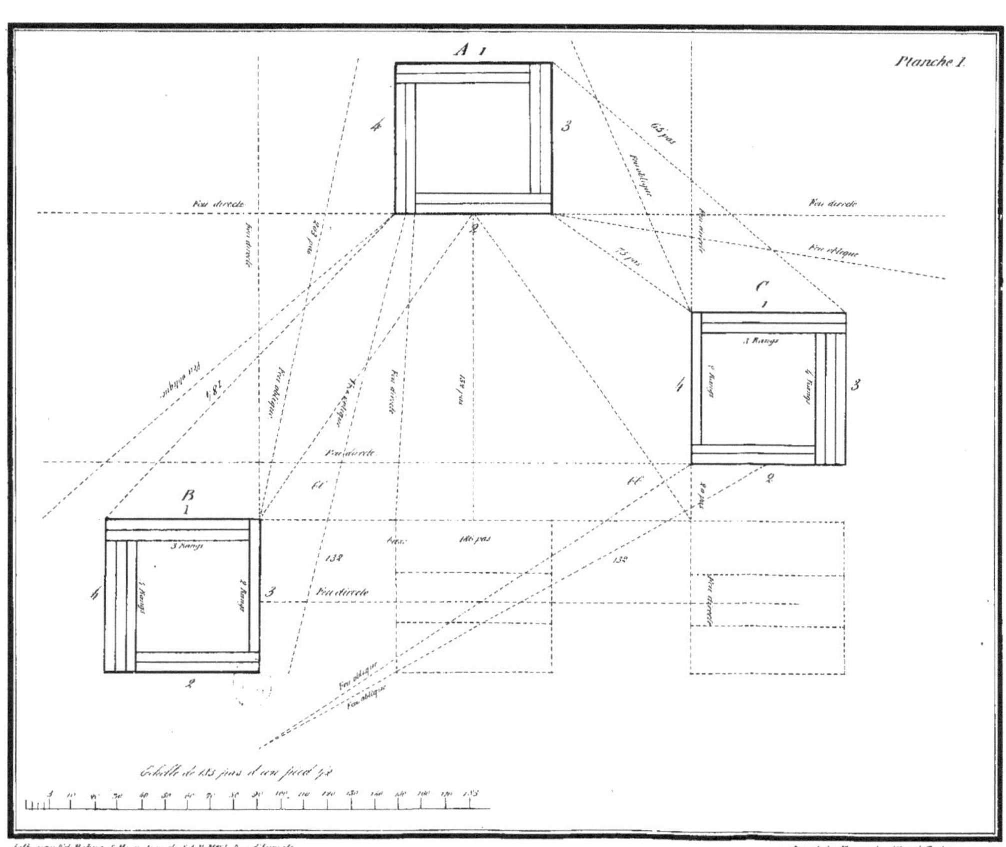

Lith. par Ed. Robert, 8 Mua, Imp. de S. A. R. Mgr. le Duc d'Aumale.   Rue de la Monnaie, N°. 11, à Paris.

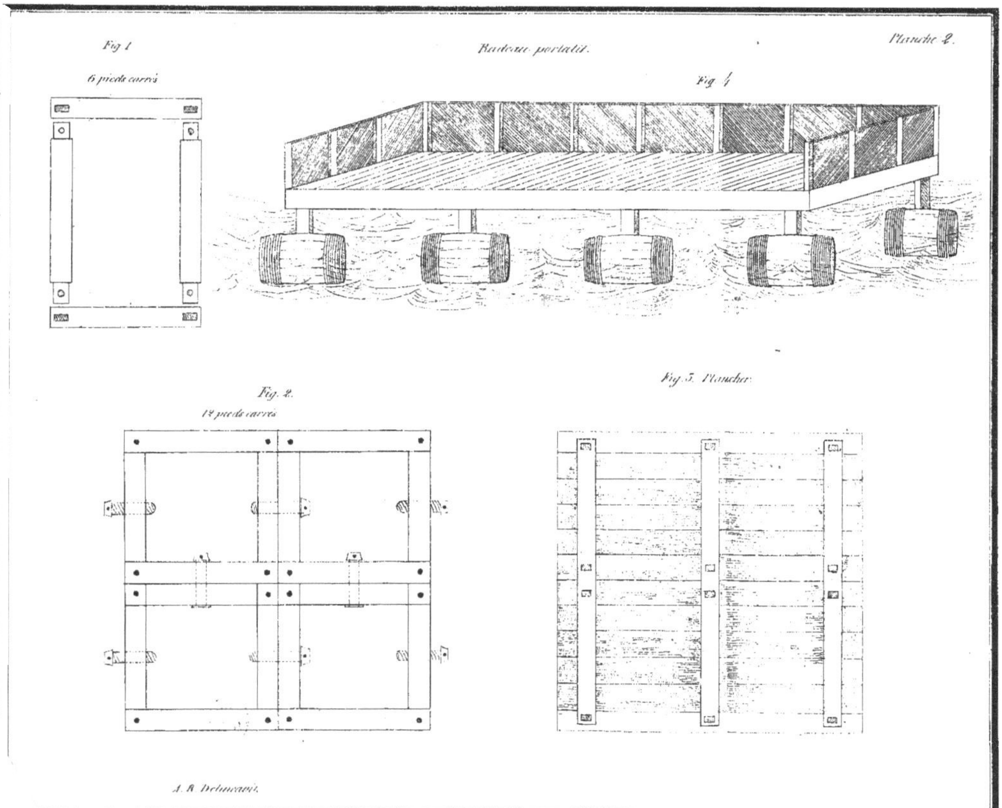

Fig 1
6 pieds carrés
Radeau portatif.
Planche 2.
Fig. 4
Fig. 2
12 pieds carrés
Fig. 5. Plancher.
A. R. Delaunois.
Ed. Robert, S. Mines, Lith. de S. A. R. M.gr le Duc d'Aumale.
Rue de la Monnaie, N.º 17, à Paris.

www.ingramcontent.com/pod-product-compliance
Lightning Source LLC
LaVergne TN
LVHW011959170726
843503LV00001B/151

9 782329 366548